JN437953

지구는 미령靡寧하시다

노정애 시집

미국 NASA 인공위성이 촬영한 북극의 거대 빙하로서
육지로부터 빙하가 분리되는 모습을 보임

을지출판공사

常쌍談땀애江강南남이라ᄒᆞᄂᆞ니라

中듕國귁에달아

與영文문字쭝로不붏相샹流륳通통ᄒᆞᆯ씨與영ᄂᆞᆫ이와뎌와ᄒᆞᄂᆞᆫ겨체ᄡᅳᄂᆞᆫ字쭝ㅣ라文문은글와리라不붏은아니ᄒᆞ논ᄠᅳ디라相샹ᄋᆞᆫ서르ᄒᆞ논ᄠᅳ디라流륳通통ᄋᆞᆫ흘러ᄉᆞᄆᆞᄎᆞᆯ씨라

文문字쭝와로서르ᄉᆞᄆᆞᆺ디아니ᄒᆞᆯ씨

故공로愚웅民민이有웋所송欲욕言언

世솅宗종御ᅌᅥᆼ製졩訓훈民민正졍音ᅙᅳᆷ

製졩ᄂᆞᆫ 글 지ᅀᅳᆯ 씨니 御ᅌᅥᆼ製졩ᄂᆞᆫ 님금 지ᅀᅳ샨 그리라 訓훈ᄋᆞᆫ ᄀᆞᄅᆞ칠 씨오 民민ᄋᆞᆫ 百ᄇᆡᆨ姓셩이오 音ᅙᅳᆷᄋᆞᆫ 소리니 訓훈民민正졍音ᅙᅳᆷᄋᆞᆫ 百ᄇᆡᆨ姓셩 ᄀᆞᄅᆞ치시논 正졍ᄒᆞᆫ 소리라

國귁之징語ᅌᅥᆼ音ᅙᅳᆷ이

國귁ᄋᆞᆫ 나라히라 之징ᄂᆞᆫ 입겨지라 語ᅌᅥᆼᄂᆞᆫ 말ᄊᆞ미라

나랏 말ᄊᆞ미

異잉乎ᅘᅩᆼ中듕國귁ᄒᆞ야

異잉ᄂᆞᆫ 다ᄅᆞᆯ 씨라 乎ᅘᅩᆼᄂᆞᆫ 아모 그ᅌᅦ ᄒᆞ논 겨체 ᄡᅳᄂᆞᆫ 字ᄍᆞᆼㅣ라 中듕國귁ᄋᆞᆫ 皇ᅘᅪᆼ帝뎽 겨신 나라히니 우리 나랏

ᄋᆞᆫ

훈민정음 언해본(1~2쪽)

■ 들어가는 말

시집을 내는 것은 즐거움이면서 두려움이었다

본인은 황해도 신막이라는 중소 도시에서 태어났다. 아버지와 어머니 연령 차이는 24년이었다. 물론 어머니는 재취였다. 6 · 25전쟁 때 남하해 우리나라 누구나가 어려운 시절 나는 어렵게 중고등학교를 다니며 잃어버린 유년의 산하를 그리워하며 자랐다. 대학교도 아르바이트하며 다니느라 편하지만은 않았다.

아버지의 고향 살떼미는 아름다웠다. 이장까지 지냈으나 자식들 교육을 위해 중소 도시 신막으로 나와 전기 회사 뒤에다 아버지가 건축업을 하시며 지었던 청회색 천연돌 기와집은 그 시절에도 담은 이미 낡아 있었다. 아버지의 몰락이었다. 공산권에서 토지개혁으로 많은 전답田畓을 몰수당했기 때문이었다.

황해도 해주에서 외할아버지는 학자였다. 외할아버지는 연암 박지원과 같은 반남 박씨였다. 자식이 여러 명이었던 것 같다. 막내 외삼촌은 김일성 대학을 나왔고 한번 보았는데, 미소를 띠고 있었으나 준수하고 범접할 수 없는 위엄을 지니고 있었다.

어머니는 아버지가 병중이었으므로 어린 자식들의 생계를 책임져야 했다. 곡식을 사서 평양으로 다니며 넘겼다. 졸립 섞인 기다림, 신막역과 먼 거리에 있는 밤열차의 기적 소린 내 유년의 모정의 배고픔이었다.

살떼미 허문 집터는 삼천 평 이상쯤 되는 것 같았다. 뽕나무밭 옆 기다란 깊은 도랑엔 뱀딸기들이 있고 뱀이 있다고 해서 어둡고 무서워 한 번도 들어가지 않았다.

뽕나무 밭 머리맡 우물가엔 돌 세숫대야들이 둥글고 긴 것들이 있었고 8월 하늘은 파랗고 구름은 은빛으로 빛나고 햇빛이 작열하는 무더움 속에 번들거리는 검푸르고 넓은 뽕 잎사귀들이 드리운 여름날 우물 속을 두레박으로 얼음같이 찬물을 퍼서 온몸에 끼얹으며 놀람과 펄쩍펄쩍 뛰게 질겁하던 추억이 있었다. 어머니는 누에를 키워 손수 우리들에게 꽃분홍 명주솜 저고리를 만들어 주셨었다.

또 고구마 밭 무덤만 한 돌각담 주위엔 빨간 꽈리들이 주렁주렁 달려 있었다. 그리고 나머지 밭은 방대한 옥수수 밭이었다. 우리 가족의 주식이 주로 옥수수였다. 그러나 엄마가 바쁠 땐 달구지에 나를 매달아 놓고 살떼미로 가면 나는 가까스로 결박에서 빠져나와 동구 밖 양지천까지 뛰어 따라가선 엄마가 없어진 물가를 멍하니 바라보다가 시퍼런 물이 무서워 곧 돌아서곤 했었다. 양지천 우리의 논엔 따뜻한 물이 나와 온천이 될 곳이라고도 했었다.

어른이 되어서도 잃어버린 산하 살떼미 가는 산야에서 봄에 기다란 풀섶을 들추면 보였던 빨간 이슬아지, 솔방울 같던 뻐꾹채, 조롱조롱 나란히 물방울처럼 매달린 은방울 꽃 등등 사라진 꽃들과 돌아오지 않는 제비의 빈집을 바라보며 내 양심을 저울질 했었다. 그때부터 『지구는 미령하시다』라고 시 제목을 지어 놓았었다. 시를 15년 가까이 써도 마음에 안들고 형상화形象化가 안 되어 어느날 갑자기 고희를 넘은 연령으로 대학원에 들어갔다. 힘은 들어도 하고 싶은 것을 하니 좋았다. 도서관엔 무료 책이 가득하고 강의실엔 교수의 제시가 대기하고 박사과정까지 가고 싶었다. 그리고 시집을 내는 것은 즐거움이면서 더욱 큰 두려움이었다.

2012년 8월

옥상 서재에서 노 정 애

차 례

제 2 부 서귀포 해저 잠수 여행

제 3 부 이산가족 상봉

제 4 부 겨울 찻잔

제 5 부 지구를 향한 빛

제 1 부

지구는 미령靡寧하시다

바다 생태계 죽음 조여오고
대기업 눈치 보는 정부
평생을 바다에서 산 어민들
생활 대책 지연되어 한번뿐인 삶 버리는다

신막역 마지막 기차
-6 · 25동란

미숫가루 내주며
어머니는
오빠 홀로
남쪽으로 가라 하셨습니다

어린 마음에 우리들도
따라 나섰습니다

첫 아기 북통같이 업은
큰 언니
헐레벌떡 달려 들어왔습니다

창칼 든 중공군
후퇴한 인민군과 합세 했다며
재촉해
신막역 마지막 기차 탔습니다

차마
엊그제 차린 아버지 상청
못 떠나시던 어머니도
따라 나섰습니디

11월 첫눈발 날리던 날
미지의 세계는
차라리 설레임이었습니다

낯선 역을 지날 때마다
기차 꼭대기에서 떨어져
팔다리 부러졌다는 소문 무성하고

그해 여름내 앓던 큰 언니 시사촌 시동생
같이 묻어주려 떨어진 형부
끝내 만나지 못했습니다

찔레꽃

돌돌돌 맑은 물소리
개울가 푸른 숲
정적의 한 자락 섶
밟고 선 하얀 음표

그림자 끌어안은
산기슭에
그리움으로
피어난 서러운 노래

별장 거실
밀러 글라스에
비친 그림자
거목 속으로
돌진해
삶을 마감한
새의 넋

노을빛
더불어 손잡고
머뭇거리면
여름은
또
저만치 간다

씨클라멘

- 봄꽃

하늘을 발돋움 함이여여
대리석 무늬 서늘한 꽃
배신의 강 건너

젖줄 무늬
검푸른 하트형 싱싱한 잎사귀들
자주색 꼿꼿하며 튼실한 꽃대

뒤틀린 채 승화한
달빛 단정한 꽃잎들
하늘을 모도운 채 고웁구나

아름다움으로 태어나
신의 은총 받아
꽃의 전령사 되었는다

양치기 사랑 위해
신의 사명 어겨
꽃들 피라 재촉하고

양치기 여신과
밀회 알았을 때

놀라 벗어 던진 선녀의
날개로 피어난 꽃이여

수줍음
내향적
지나버린 사랑

목련꽃

먼 곳에 있는 그대
어느새
내 안에 들어와
곳곳에 자리를 하였는가

삼월의 진통이
덜커덩거리는 창문 안팎엔
아직도 겨울이 묻어 있는데

살풀이 춤의 혼령이
어느새 나목의 가지 위에
하얀 목련꽃들로 피었는가

해가 기울어
서편 하늘과 강물에까지
석양이 찬란해

혼돈과 연민으로 열리는 봉오리
고뇌의 세월을 잉태한
평온으로 열리는 아침이다.

봉선화

-국가가 제공한 안성 별장

조병화 시인
특강 별장 숲길
줄 서 피었던
봉선화 꽃씨

여러 십 년
어여삐 여겨
가뭄에
타는 목 적셔주고

폭풍우
몰려오던 날
흐트러진 몸
일으켜 세웠습니다

장마 개인
파란 하늘
빛나는 흰 구름
갓 피어오를 때면

다홍색 겹 꽃봉오리
마음 주며 해마다
품어 주었습니다

삼십여 년 피어난 꽃
가을 바람 불어
꽃은 떨어져도

타원형 맑은 손톱
다홍색 꽃물
우리
축복되게 하소서

안성 별장에서 조병화 시인과 저자(별장에서 봉선화 씨앗 받음)

민들레

– 旅行 꽃

동회 뒤뜰 양지쪽
시멘트 터진 틈

옥상
아직 빈 화분
모퉁이

대학 캠퍼스
잘 정리된 모퉁이
모든 틈새에 끼어

화단에 삥 둘러선
눈부신 철쭉, 영산홍
부럽지 않게

햇살로 낮게 핀 노란꽃
조용히 꽃대 키워
자기만의 지구地球 만들어
솜털 깃 바람 타고

또 다시
낯선 곳으로
여행 떠난다

겨울 바닷가에서

가신 님 못 잊어
님 고향

천 리 길 달려 왔어도
님 오시지 않아
잠 못 드는 바닷가
해안선 따라 걸었다

성난 바람
머릿속 갈가리
헤치며 달려들고

성난 파도 이랑
내동댕이쳐 부서져
거품 사위며
더욱 깊어 가는데

군부대
철조망 울타리 쪽에서
들려오는 휘파람 소리

되돌아올 수 없는 님
못내 아쉬워
더더욱 그립고야

성숙成熟의 노래

-방랑의 여행에서 귀가歸家 열차를 타다

너는 흘러 다른 구름 되어 가리
고개 숙인 내 눈속으로
새어 들던 아련한 빛살
아직도 서러웁고

마지막 돌아서는 낯선 모퉁이
폭설 그친 차디찬 차창가
청회색 먹구름 사이로 떠도는 달아

시렁위 숨겨 놓은 어린 염소
오줌발 뜨거워
시렁밑 대머리 승객
놀라 소리치며 일어서고

비명에 놀라
기차 바닥으로 떨어진 염소
있는 힘 다해 도망친다

땀방울 이마에 맺힌 시골 아저씨
어린 염소 따라 이리저리 뛰고
여객 전무 저만치서 다가오고 있었다

눈얼음 쌓인 가파른 산비탈
미끄러져 미끄러지며 기어올라
박명薄明의 새벽
철대문 쿵쿵 두드리는 소리

잠 못 들던 어머니
대문 열어주시는
연민憐憫의 눈길이여.

-1963. 3.

헤어짐의 미학美學

그대가 떠날 기차는 이미
역으로 들어 왔었고
이별의 술잔
나누기 전
기차는 떠났다

내 그믐밤의 하늘
겨울 교정엔
축제의 꽃다발 사라지고

빨간 리본만 교정에 떨어져
긴긴 시간
시린 바람에 나부꼈다

해마다
송년의 거리는
들떠 술렁거렸고

혼란한 서성거림과
삶의 유예猶豫

송년의 그림자
짊고
켜켜이 날아와

세모에 꽂힐 때마다

그늘 속으로
승화昇華된
낯선 햇빛
스며 들어
성숙의 뫼 이루었다

나비에 대한 회상

빛나는 눈빛
내게 부딪쳐
행복한 노래 불렀다

산책길 쌍둥 그림자
저 언덕에도 쌍둥 그림자

돌개바람 불어
나비 사라진 오솔길

서성대는
재활원 언덕 풀꽃
태양의 신열 묻어 부유하는
보라색 작은 나비

소나기 쏟아진
여린 풀밭 뻘건 흙탕물 웅덩이
맹꽁이 와글와글
목 놓아 울고 나면

관목 나뭇가지마다
눈 쌓여
정적靜寂
'툭' 소리 내며

떨어진다

잔설이 있는 언덕
마알간 햇살 쬐다가
메마른 풀속
돋아나는 환희

지구는 지금 미령靡寧하시다 Ⅰ

8만ha 열대우림 인도네시아
지금 또 산불이 맹위 떨치고
지난해 동남아 연무사태
지구공기 비상 걸렸다

나토 전폭기 B52기
600차례 동구라파 유고 출격
어려움 겪는 알바니아계
코소보 천막촌 난민들

TV로 전자오락 게임 하듯
간간이 일어나는
이라크와 다국적군의 미사일전
이스라엘 팔레스타인 테러사태

남미에서 자주 일어나는
토네이도와 허리케인
동식물은 물론
콘크리트 건물도 부숴버리는 위력

아시아 폭우로 중국 양즈강 무너지는 소리
지금 공해로 인한 엘리뇨 라니냐로
동식물은 환경 호르몬으로 멸종을 예고하며

지구는 미열을 앓고

지금 지구는 미령하시다

* 미령靡寧 : 어른이 병으로 말미암아 몸이 편안치 못함

지구는 지금 미령靡寧하시다 Ⅱ
-아이티 지진

파도치며 좌우로 길 흔들려
모든 사람 춤추고
거대한 굉음
콘크리트 벽들 무너지고

계속 흔들리는 여진
빈민촌 시티솔레이
땅이 울릴 때마다
먼지구름 도시를 덮고
절규하는 철새 울음소리

임시 응급실엔
베이고, 부러지고, 부서진 환자들 비명 소리
포르토프랭스 인근 거리는 시체 더미
자꾸만 흔들리는 지구
병원 앞에는 수백 미터씩 시체가 쌓였다

빵을 구하기 위해
총으로 무장한 아이티인들
외국인들, 그들의 표적 되고
그들은 위험지대를 피해 가며
'아이티 엑스더스'

아이티의 국민값
선진국의 애완견 값만도 못하고
아이티는 6.25 우리 민족 상잔 때
360억 원 값어치 보내왔었고

제국주의 절정일 때
프랑스 군대와 백인 지주들 내쫓고
흑인공화국 세웠던 나라

지구는 지금 미령靡寧하시다 Ⅲ

급변하는 지구는
곳곳에서
폭발을 예고했었다

지구의 허파 아마존 밀림 도벌
야광식물, 물고기 잡는 마취제
희귀식물들 해마다 사라지고

남미의 허리케인
중국에서 불어오는 황사바람
광우병, 조류병, 에이즈 비상 걸리고

지금 이즈미트 공업지역
진앙지震央地 골주크시
지층개벽 콘크리트 무덤 되었다

천기를 탐색하는 인간의
광합성 세균으로 북극 빙벽 녹아내리고
지신 '기이아' 노했는가

지구촌 다국적인 들과
끊임없이 갈등하는
그리스인들까지 구제 나섰다

지구는 지금 미령하시다.

지구는 지금 미령靡寧하시다 Ⅳ

-농어촌에 남은 노쇠한 농어민들

장마가 끝났다는 예보였는데
여전히 하늘은 먹구름 머금고
비는 계속 쏟아져 내렸다

노쇠한 농어민들
작년 태풍 '루사'로 집 잃고
금년도 태풍 '매미'로 컨테이너 잃었다

부산 신감만 부두
대형 크레인 붕괴되고
과수원 낙과 7~80%
당도 감소되고

적조, 황토로 달래며 가꿔 오던
해일 덮친 가두리 양식장
참 돔 우럭, 농어 등 모두 잃고
부서진 부표 잔해들만 파도에 떠돈다

해일 덮친 해운대 노래방
인명 피해 많았어도
가을바람 불어 하늘은 밝고 드높아
청회색 밤하늘엔
드문드문 별들이 떠 있다

삶터 잃은 농어민 뿜어대는 담배 연기
적막한 산야, 아득한 해저음海底音 깊이
밑거름으로 묻힌다

지구 온난화로
북극의 빙벽 녹아 내려
지금 지구는 미령靡寧하시다

지구는 지금 미령靡寧하시다 V

- 태안 기름유출 사건

삼성중공업 해상 크레인 와이어 끊어져
홍콩선적 써베이호 유조선 충돌
검은 기름띠 1만 810톤 물들인 태안 앞바다

바다 생태계 죽음 조여오고
대기업 눈치 보는 정부
평생을 바다에서 산 어민들
생활 대책 지연되어 한번뿐인 삶 버리는다

풍랑으로 닥친 환경재앙 5159ha 양식장 폐허
황금어장 2500종 서식 태안 국립공원
멀리 제주도까지 수자원 오염 되었느니

군부대 항공 순찰 방제작업
낭떠러지 위험한 곳은 군부대, 방제업체 전담하고
국내외 곳곳에서 모인 인간 띠 자원봉사자들
해수욕장, 갯바위, 암벽, 바위틈, 기름 방제.
노령 원주민들 시름 달랜다

단일선체 유조선 최다 사용국가라는 오명
대인 기름유출 사건의 원인 시목 되었음에라

온 국민 성원, 자원봉사자들 안간힘
최선의 세월 잉태한
새로 태어날 푸른 세상 꿈꾼다

- 2007. 12

그리운 친구

-스승이며 친구였던

곱슬머리
반짝이는 눈
당돌하고 상냥한 입술

부산 피난 시절
명문 중학생이었다는 소문과
전교를 뒤흔드는 영어 실력

해바라기처럼 옆자리
숨죽이고 지내던 어느 시험시간
답을 넌지시 알려 준 답안지 이후

우린 졸업 때까지
친구들 중 첫 번째였었지
덕희는 공부를 안 하는 것 같으면서도

전 과목 상위권이었고
항상 노력해 그녀를 능가해야만
평온한 내게 그녀는 감동이었어

그녀의 질책엔 순하게 수긍했고
그녀와 동명이인
음악 평론가 이덕희

이미 그 시절에
데미안을 번역한 전혜린도 알고 있었지

취직한 일이 없다시던
두꺼비형 부잣집 아버지
춘향이형 부잣집 딸 어머니
심장병과 생계 짐 졌었지

누구나가 어려운 그 시절
아르바이트로
영문학을 전공 했었고

같은 대학에 들어간 혜정이와
외출했다는 말에
누구와 더 친하냐고

떼썼던 철없던 시절
너는 구정이고 그는 신정이지

그 며칠 후 그녀 집에 갔더니
그녀의 어머니가 가셨다는 말

그날 귀갓길
버스 정류장을 몇 정거장이나 지나쳤는지

외로울 때마다 위로받고 싶은 친구여
수십 년 지난 지금
외국으로 갔다는 소문만 떠돌뿐

정말 우리 생전
다시는 못 볼 것인가.

왼쪽부터 덕희 혜경 필자

엉겅퀴

-6 · 25 미망인 언니

용띠 큰언니 생일엔 언제나 비가 온다
6 · 25 이산가족 미망인 외동딸 사위

매년 외가 친척 관광버스 대절해
홍천 강가에 내려놓고 차일遮日 친다

수박, 참외 강물에 담가 놓고
맞춤 도시락과 군것질 마음껏 즐기며

노래하고 춤추고
넌센스 게임으로
맞춘 사람 못 맞춘 사람 모두 선물 받고

노년층과 청년층 음식 쓰레기 묻고
젊은층과 학생층 정적靜寂의 강가에
사선 던지기로 물 파래기 일으킨다

거세진 빗속 귀갓길 산모퉁이
보라색 엉겅퀴 수장首將꽃
빗물 흘러내린다

점점 거세진 빗줄기
강원도 푸른 산야 담배 밭이랑

금방 강물 이루고

관광버스 갑자기 기氣 모아 강물 건너자
모터에 불붙어 뿌연 연기로 꽉 차고
차는 끝내 움직이지 않았다

가로등 없는 S자 낭떠러지 길
오로지 열심히 살겠다는 기도와
헤드라이트 불빛, 의지해

승용차 하나로 밤늦은 시각까지
학생들 먼저 서울까지 교대로 운전

끝번호가 양수리로 들어섰을 땐
까만 하늘에 은하수 빛나고
차 밑으로 시원한 바람이 불었다.

-1998. 6

왼쪽부터 오빠, 큰언니, 둘째 형부, 사위(뒤)

친척들과 홍천강가에서

벼룩시장

급변하는 시간 속에
몇백 년 세월을 담았다

민속품 골동품
서구 문명 유럽 문화 동양 문화

눈길 끄는 의류들이
마음을 친다

사는 사람과 버리는 사람이
공존하는 만물시장

골동품 수집가, 카페 주인, 가정주부
보물 건지는 재미로 술렁이는 개미 시장

흥정 하면 마구 깎아 주고
막막할 때 불쑥 내미는
출렁이는 도깨비 시장

오십 년 만에 금강산 가는
나들이 점퍼
베이지 색에 곤색 안 넣은 보물

어느새
어두워진 밤을 신명나게 걷는다
이태리제 옷 입고
명산을 오를 설레임으로

제 2 부

서귀포 해저 잠수 여행

지구는 넓고 볼거리는 무한정
인간 삶 유한하여 갈 길 바쁘지 않은가

한시 바삐 귀가하자
새롭고 빛나는 새로운 시작을 위하여.

새벽

덜 깨어난 졸음으로
동쪽 하늘 가라앉아 있고
환경 호르몬으로
열매 없는 꽃들이 피고

차량 급발진 시대의 과다한 전자파와 자장
고층 콘크리트 벌집 벽들은
해돋이, 해넘이를 가리고 있어
동편 하늘은 늘 가깝하다

그래도 장마 예보가 있는
7월의 잿빛 시멘트 숲 위로
불끈 솟아오르는
응집凝集된 빛의 덩어리
태양은 구원이었다

일상이 깨어나기 시작하는
으스름 골목을 달리는
전경들의 구령소리
지축을 울리며 달리는 기차 소리

숲을 잠식해 들어가는
철근을 빼어 내기 전

고층 대학 신축 건물
인부들의 망치 소리

시커먼 구름 속을 자맥질 하던
태양은 어김없이 떠올라
그래도 7월의
새벽 바람은 시원하다

그린벨트

앵두나무 그늘 아래
묵힌 논바닥으로 무진장 쏟아지는
지하수 끌어올린 낙수 물소리

문득, 소모적인 생수가
각박한 도시인의 마음을 친다

불붓는 8월의 태양
푸른빛 무성한 오솔길

구절초꽃, 패랭이꽃, 싸리꽃
칡꽃 덩굴로 숨은 도랑에서
도란도란 속삭이는 물소리

제초기 소리 따라가면
약대추, 뽕나무, 산수유, 약호박
그 사이사이
볏짚 모자 쓴 토정꿀 벌집통들

오미자 농장에선
오미자 열매 빨갛게 익어 가고

묵힌 논바닥엔
청회색 잠자리 한가히
물을 쪼으며 날고 있다

두륜산頭輪山

케이블카 유리벽 안개비 내려
서해의 다도해 절경,
연무 가리우고

고제봉 내려서니
벼랑 아래 연푸른 숲
봄비 머금은
진달래빛 선명하다

가파른 가련봉 올라서니
빽빽한 잡목들 강풍에 휘어
일제히 흔들린다

급경사 암봉 더듬어 내려서니
일지암 초의선사草衣禪師
다도茶道, 신상神像 보이는 듯하다

열림인 채 떨어진 동백꽃
더욱 선홍색이고
푸른색 계곡마다
원시림 맑은 물 흘러 내린다

표충사 불경 소리
태곳적 정적 일깨우고

두륜산 촘촘히 메운
비자, 후박, 차, 동백, 보리장 숲
신록 한껏 피어난다

대둔산 가람 배열따라
수림욕 탐식하며 거닐면
일상의 번거로움
가뭄 봄비에 씻기운다

눈꽃 환상環狀 열차

일상의 시름 접어놓고 겨울 환상 열차 타니

차창으로 지나는 나목裸木 숲 산마루로
해님 넘어오면
잔설 깔린 산야는 보석처럼 반짝인다

입구와 출구가 위아래로 놓여 있는
치악또아리굴 지나니 벌써
타임머신을 탄 듯 마음 들뜨고

얼룩무늬 장갑차들 든든하게 선 개천가
포플러 나뭇가지에 까치집 드러나고

경운기 한가롭고 특수 작물 비닐하우스 선 마을
소나무 숲 검푸르고 한가한 조상들 무덤 평화롭다

기나긴 장암 터널 거쳐
하늘 밑 모기 없는 동네 눈 어름 언덕에 올라
미끄럼 운전 끈 잡고 추락하는 멀미 즐겁다

벼랑길 높은 산 밑 지나는 햇살
하얗게 언 강물 비춰도 산 그림자 하도 깊어
엄숙한 기침 소리 날 것 같다

태고의 원시림 덮여 하늘도 세 평 땅도 세 평
이승만 박사의 친필 "영암선 개통 기념비" 있고

낙동강 상류 결빙에서 동심에서 썰매 지친다
도시의 공해 떨구며 씽씽 달린다

* 환상環狀 열차 : 아래위로 똬리처럼 고리로 연결된 열차

연鳶을 날리며

차고 맑은 하늘 높이
연말에 연을 띄운다

얼레를 풀었다 감았다 하면
재주를 부리지 않아도
연은 편안하게 높이 오른다

안으로는
짝을 찾을 생각 않는
딸들의 불 인연

밖으로는
재독 교수의 이념 분쟁

부정부패 고급 공직자들
비호하는 검찰의 연막 발표

여야 갈등
오랫동안 국회 비우는 조바심

얼레를 툭 한번 치면
갈등 조율하고
삶의 공해 정화한다

구태여 연줄에
사금파리 입히지 않아도

하늘 높이 연 띄우면
체증 뚫리며
시원한 기류 호흡한다

얼레를 툭툭 돌려 치며
외진 나만의 공간에서

챠오프라야 강

- 메남 강Menam river

왕궁관 공식 일정
소매 없는 윗옷과 반바지 금하고
장마물 같은 흙탕물 넘친다

태국 가이드 〈뽕과〉 함께하는
오른편 강심에 떠 있는 수상 가옥들
강물 먹고 목욕하고 빨래하고 배설하고

왼편 챠오프라야 강 옆으로 밀집한
비구니 사원 앞 강물 속엔
방생한 메기 떼 생동하는 물장구소리

로이크라송 보름밤 축제
새벽 강물에 떠도는
향초로 꾸며진 연꽃바구니
연꽃 자생지 같다

보트 앞으로 모여드는
수상 잡화상들
〈뽕〉 갑자기
거스럼 돈 안주고 도망친다고
〈주의하라〉고 소리치고
동족을 매도해야 하는 가이드

임금을 절대의 지도자로
제작 산업은 이룬 것 없으나
자연과 고대문명 혜택 받은 관광지

검은 피부 꿈꾸는 깊은 눈
선량한 친근감
챠오프라야 강물은 오염된 게 아니라
본래 황토색이라 하네

챠오프라야 강 옆 사원

동해안 해맞이

지구촌 곳곳 Y2K본부 소집되고

미리, 진눈깨비 흩날리며
동해 새 천년 해맞이 안개구름 예보
낮게 가라앉은 재색 하늘

동해 고속도로 짙은 안개구간
차량 20대 연속 충돌사고 보도

저녁 7시 40분 양재 시민공원
서초산악 회원 500명 모여
산행 마음 푸근해졌다

밤길 달려 사천 휴게소 12시 오분 전 하차
전지로 별빛 담아 국운과 가족 행운 빌며
열, 아홉, 일곱…… 둘, 하나 카운트다운

까만 하늘 별빛 보며
우리의 소원은 통일
부르며 유쾌하게 달려

근덕 방파제, 겸손한 용왕 젯상
동해안 새 천년 해맞이

드높은 해안 바닷바람 고요하고
깊은 물결 회색바위에 맑게 부서진다

안개구름 동해 가려
핏줄 구름만 떠올라 침묵하는 양민들
웅비雄飛의 새 천년 해 솟는다!

국회의원 외침에 환호하는 서초산악회 회원들
웅비의 새 천년 해 솟는다!

서귀포 해저 잠수 여행

- 수궁가

고모의 초청에
고모부의 괌 총영사직에
누가 된다며 남편은 사양했다

낯선 세상 꿈꾸는 걸
눈치 빠른 큰딸
처음 연 서귀포 해저 여행 티켓

바다 밑으로 하강하자
환해지는 오렌지 핑크 산호초 숲
깃대생물
쑥류 이끼

무낭 촉수 한겨울 해송처럼 새하얀 눈꽃세상
산호나 암초 틈에 사는 점 쓸배감펭
알을 낳고 있는 흰 갯민숭 달팽이
큰 수지 맨드라미

푸른 물속을 달리는 붉은색 사자머리 라이언피쉬
해맑은 색 하늘하늘 해파리들
세 개의 검은 세로줄 물고기들

잠수함 창 앞에 떠다니는 수천 마리의 잔물고기 떼
어족을 식해 하는 아름다운 불가사리
바다 속 깊은 생태의 수백 종의 현란한 색색의 축제

지구는 넓고 볼거리는 무한정
인간 삶 유한하여 갈 길 바쁘지 않은가

한시 바삐 귀가하자
새롭고 빛나는 새로운 시작을 위하여.

-1991. 8. 11

서귀포 해저여행에서

생명生命

삶은 갈등이며 화해였다
장마와 홍수로 장대비 내리고
천둥 치던 날
환경 호르몬에 의해 가장은
대뇌大腦에 상해를 입었다

미혼의 막내딸과
신혼의 분가한 차남 달려와
생의 덧없음 오열하고

증폭된 사랑 증폭된 이별
증폭된 불안이
응급실과 열린 문 복도까지 가득 메웠다

지구 곳곳 폭우 쏟아져
양쯔강 무너지는 소리
중국 해외 공관에 근무하는 장남
결항으로 며칠 뒤 달려와

역시 오열하다가
제각각
일상으로 돌아갔는데

부어 가던 주택적금 대신
가장의 병실에
효심들은 소모적消耗的 적금 쏟아 붓는다
2년 가까이 하늘이 보이지 않는 협곡이다

오늘은 심장의 날
안락사로 타인의 생명 구함은
잔인한 인정인가!

오늘도 초로의 가장 의식은
어느 구천을 헤매이는가
한 생명의 언저리엔 여전히 정적만 흐른다

- 1998. 9월 심장의 날

코스모스

- 딸에게

들길에 뿌리 두고

바람 묻은
꽃대 키워

하늘하늘 맑은 꽃

높은 곳 향한 심지心地
좁은 잎새들

얼기설기 사이
갈등 걸러 내고
단정한 꽃

촌음寸陰까지 아껴
자신 설 자리
일깨우고

쪽빛 가을 하늘

안개 걷힌
인식認識의 결실

올 가을엔
안주安住할
준비나 하렴

저자의 큰딸, 남편, 작은딸(좌부터)

큰딸과 작은딸

큰딸

큰딸

시계와 나

밤낮을 너는 휴식 없는
노동을 하고 있다

몽롱한 봄날의
나른한 몸 풀림

긴 여름날의
뜨거운 열정
장마와 휘몰이 바람
그리고 천둥

온갖 구름
다 흩어지고
높아진 하늘
맑은 정적 고여 오면

비로소 나는
너의 끊임없는 노동에 의해
내가 깨어나
부끄러움에 숨 죽인다

그리고
갑자기 가슴 뛰며
해 지기 전에

서둘러 일손 바빠진다

돋보기안경을
찾으며

폭설暴雪
- 변화하는 세월

며칠째 눈 내린다
하늘에 크레인 매단
고층 신축 건물들이랑
늘어나기 시작하는 빌딩 숲으로
점점 휘몰이로 펑펑 쏟아진다

창가에 앉아 뜨개질로
그림자 달래다가
서둘러 끓인 커피 마시고
달려가던 태고의 숲
그대
축복의 꽃다발에서 떨궜던 빨간 리본
나부끼던 우리의 숲 거닐면

인동忍冬하는 검은 고목古木
얼굴 환히 빛나고
잎 떨군 철쭉, 산벚나무, 싸리나무에 얹힌
산호초 반짝이는 눈꽃 축제!
나목숲 도랑에선 아직 돌돌
맑은 샘물소리 들렸다

둥근 단층 지붕 재활원 헐고
고층 아동 병원 짓고

잔디 깔린 노천극장 밀어
고층 대강단 짓고

우리의 백양나무 숲 베어
고층 빌딩 강의실들 짓고
소나무 숲 베어
고층 치과 강의실 지어
우리의 숲 사색의 산책길마저 잃었다

끊임없이 쏟아져 쌓이는 눈
비닐하우스 무너져
특수 작물 농민 숨기고
비행기, 여객로, 고속도로
통행 길 끊기고
수도, 가스관 동파사고

또다시 햇빛은 쏟아져
태백산, 설악산 눈꽃 축제
그렇게
자연은 봄을 예비하는가

큰 돌섬德積島

안개속 오후의 수평으로
이월의 큰 돌섬 들어서니
방파제 벼랑 아래 갈메기 떼 출렁출렁

안겨드는
짙푸른 송림 빽빽이 섰고
오밀조밀 정겨운 능선
푸근한 원 그리며 이어져
밝은 햇살 담긴 마을

황토천지 빼얼겋게
부풀러
고향의 봄
웃으며 온다

갯바위 낚시는 사리 때 하고
선상의 낚시는 조금 때 한다네

크고 자갈마당
해변의 기암괴석
눈부신 구름으로
갈대바람에 춤춘다

태고의 세월 잉태한 노송숲
시詩 겯는 선비 정자亭子
반십리半十里 고운 모래

기우는 해 저녁노을
서포리 해수욕장
온통
붉은 핏빛 세상이다

쑥靈艾

겨울 끝자락
서걱이는 마른 잎들 속
뚫고 솟은 겸손謙遜의 새싹

서리 맞은 푸르무레한 색으로
착색着色된 잎과 솜털이랑
여린 줄기

비바람, 땡볕, 천둥
온몸으로 받아 내면서 고개 숙여

부싯돌의 불씨로
떡쑥으로
단옷날 약쑥으로
모기의 혼줄 사르는 쑥불 연기로

단군 신화를 위한
환웅桓雄의 조화임에랴
천기天氣의 탯줄 잇는 곰녀熊女
쑥향과 마늘은 그녀의
간절한 소망의, 혼불 되었다.

쑥향靈艾 짙은
짙푸른 넋으로

늘
그늘에서 숨 쉰다

왼쪽부터 큰언니, 엄마, 작은언니

자연 휴양림

신혼여행에서 딸이 돌아오는 분주한 하루
졸음 깨물며, 황혼 다투어 달려온 고속도로
굽이굽이 대관령大關嶺 푸른 천 리 길

어제 새벽 떠나 마중 나온
하나뿐인 조카사위 따라
주천 강에서 발원한 숭어회집
축하주 축배 들고

첩첩 산 푸른 원시림 서양식 황토방
죽음처럼 단잠 들었었네

시려운 6월의 청정한 새벽공기
벼랑 밑 갓 베어낸 원통 소나무 난간 온기
새벽녘 엿장수 가위 소리, 새소리였네.

지천인 길장구, 쑥, 향수鄕愁로 뜯고
배향초, 뱀딸기, 엉겅퀴, 초롱꽃, 쇠뜨기
베란다 통나무 식탁에 꽃다발 꾸미고
왕성한 땀 청정수로 미역 감는다

이북 실향민 우리 가족
청상青孀의 삶 굽이굽이 서러운 반세기 넘어
큰 언니 78회 생일

쑥 시루떡, 식혜
바비큐 화로에선 참나무 숯불
소고기, 시원한 수박 당즙임에랴

맑은 바람 밤꽃 하얗게 핀 골 지나
자연 휴양림 굽이굽이 자연 천 리 길

- 2006. 6. 17

큰언니 팔순 잔치

지각생

강의실 문을 살며시 열어도
수강생들의 집중력은
새털구름으로 흩어진다

그녀는 지각대장

깊은 산천의 초여름
청명한 그믐밤의 하늘엔

별들이 지천으로 쏟아지고
개울가엔 물 흐르는 소리

어느 산자락에선가
두견새 울고

반딧불은
도시인을 놀라게 한다

지각하면 시간이 끝나고
들어오라고 교수님은
늘 말씀하셨지만

별빛에 취하고
차량 증체로

새벽을 달려온 억울함으로
그녀는 언제나
지각생이 되었다

모기향

이른 새벽
눈을 뜨자
방 안을 활기차게
모락모락 떠도는 가느다란 연기

밤새워
주둥이 긴 흡혈충吸血蟲
아직 혼을 사를 힘 남았는가

어젯밤
부모님 방
모기향 접시꽃이

불 붙이던
짝 안 찾는 애물단지 딸아이
심지心地도 함께 피어 오르는가

달팽이처럼
둥글게 둥글게

점점이 재로
떨어진 나선형 자국

방 안을
주둥이 긴 흡혈충
아직 혼을 사를 힘 남았는가

고추 말리기

폭풍우 잦은 7~8월
장마 비껴
빨간 고추 말린다

비 개이면
햇빛 쬐야 하는 고추

빗방울 돋을까
걸핏하면
옥상으로 달려간다

걷고
널고

빗방울 돋던 하늘
금새 땡볕 퍼부어
매콤하기조차 한 단내음

파란 하늘
흰구름 두둥실
힘찬 매미합창

바삭바삭
마르는 태양고추

옥상에서 고추를 말리며

제 3 부

이산가족 상봉

긴긴 적요寂寥속
하나의 큰 문
정녕 열리려고 덜컹거리는가

오라버님 내외분께
- 고희를 축하드립니다

가을 산이십니다

잔설殘雪 땅속 발아發芽에서부터
산山 식구兄弟
비바람막이

현란하고 고운 색색의 축제이십니다

까만 하늘 총총한 별들이십니다

공해로 가려진 혼돈
멀리한 깊은 산골
적막한 모퉁이

빛나는 축제이십니다

서해의 고운 노을이십니다

오렌지 빛 석양
낙조가 일찍 부모 잃은
동생들 창문마다 머물러

평화롭게 번쩍입니다

오빠 내외분

침채沈菜

- 김치

사스 예방 힘 실어
지구촌 김치 수요
기하급수적이다

고구려 발효식품
고추, 배추, 마늘, 생강, 파
젓갈의 단백蛋白맛

입덧惡心 씻겨 주는
땅속 파묻은 오지항아리
찌잉-한
얼음冷 김치 발효 훈향
신종 바이러스, 항균력까지

온대성 향토 바람으로
피클, 지우, 오싱코에서
맛볼 수 없는 아미노산의 감칠맛

C레이션으로 고전하는 월남 파병 군
K레이션으로 사기 바꾼
산업 대통령의 향토 맛

지금 지구촌 곳곳의 축제마당
온 세상 식품으로 자리 잡고

야채 소스와 다른
발효식 먹는 3차원 첨단 미각

70대 등산가
미우라 유이치로浦雄一朗
에베레스트 체력 보온
식품이었느니.

＊사스Sars: 중증 호흡기 증후군(Severe Acute Respiratory Syndrom)

겨울산

나목裸木들은
안개속에
동면冬眠하고
소나무 숲
자못 짙푸르다

산굽이마다
인간의 죄업
일깨우는 범종소리
터-엉!

옹달샘
후미진 곳에서
산 그림자 드리워
혼자 맑고

가까운 곳
잔설 묻은
마른 덤불 속

징담하는
맑은 새소리
바람에
묻히고

먼 인가
아스팔트로
달리며 자지러지는
비상벨 소리

제비에 관한 기억

긴 가뭄에 황사바람 난무하던 날
일방통행 인도에 늘어선
달리는 차량 체증과 상가 복잡한 인도
유유히 모이 줍는 비둘기

가난한 7~80년대 비 개인 날
막다른 골목길 양기와집 뜰엔
빨간 장미넝쿨 하늘로 하늘로 기어오르고
선홍색 겹봉선화 꽃송이들
따사로운 햇살로 빛날 때

감청색 날씬한 제비 부부
그 뜰 위를 솟구치고 내리꽂히며 비상했었다
오래된 양기와집 처마 밑 제비 새끼
짹짹이며 벌린 입속 먹이 물어 나르고
그들이 갈긴 똥들로 낡아가던 집

몇 년 전부터 봄이 와도
돌아오지 않는 덩그러니 빈 제비집
내 양심 저울질하던 기억들이여

지금은 3층 시멘트 건물 옥상
향수로 발아한 봉선화
산속 원추리에 묻어온

오랑캐꽃 먼저 피었네

뒤뚱뒤뚱 비둘기 오늘의 도심속
살찌고 평화를 구구하는데
날렵한 그대는 돌아올 줄 모르는가

제비의 빈집을 보며

미로迷路

눈물과 기도와 소망으로
모아진 두 손
생명을 구하소서

6일간 의식불명
옮겨 앉은 일반 병동
유리벽 너머

파란 하늘
뭉게구름 빛나고
한숨 돌린 오후의 정적靜寂

지난 일급 건축기사인
당신의 손으로
삼성의료원을 설계했고

지금은 휠체어로
2병동 재활과를 드나들어도
서러워 마십시오

당신의 두 아들 조기 유학은
쉴 새 없이 언덕에서 굴러 떨어지는
바위를 떠받쳐야 하는
시지프 노예의 고달픔이었던 것을

천주님이시여
이젠 생텍쥐페리의 야간 비행에
뇌우雷雨를 잠자게 해 주시옵소서

눈물과 기도와 희망으로
모아진 두 손
두 아들 우주 미아
되지 않도록 도와주시옵소서

어머니 옆 동생 졸업식에서

실향민

–H그룹 명예 회장님의 방북에 부쳐

잘린 허리 참고
산 지 반백 년에
남북한 철의 장막
녹슬었나 했더니
철문 열고 북녘으로
황소 떼 몰고 가는 할아버지

자진해 환송 나간 실향민들
차라리 소가 되어
지금 고향 길 같이 가고 싶어라
두고 온 산하여

북한 생각 한 자락
늘 가슴에 묻고
가파른 한평생
사무치게 살다 보니
잠겼던 통일 대교 열고
황소 떼 몰고 가는 할아버지

반백 년 세월에
슬픈 요령鐃鈴 따라
북망산北邙山 가다
남은 69만 이산가족

그리운 내 혈육이여
생시의 감격에 목이
메이는 이 시간

천주님이시어
한 많은 백성
통일 민족 되게 하시어
함께 햇빛 쪼이게 해 주시옵소서

-1998. 6. 16

수박

무더위 턱에 닿는 여름날
찬물로 샤워를 막 끝내고

냉장고에서 갓 꺼낸
수박에 칼을 대면
쩍 소리를 내며 수박은 갈라진다
빨간 수박을 쩍쩍 쩌글러서

어른 아이 둘러 앉아
몇 덩어리씩 나누어

베어 물면
시원한 당즙이
온몸을 식힌다
아프리카 오지奧地

수박의 원산지
고향이 같은 망고나 파파야에

비하기나 할손가
무더위 턱에 닿는 여름날
수박 먹는 맛에
여름은 저만치 간다

장전항

밤새 뱃길을 달리다가
새벽에 깨어나 6층 로비로 나가니
군사분계선 장전항
음산한 안개 너머로
봉창 단 잿빛 시멘트 아파트

가라앉은 해면 위로
무심한 갈매기 날고
해구에 바삐 움직이는
군사 감시선 엔진 소리들 적막을 깬다

어느 방향으로 서서 보아도
동쪽 수면 위, 수직으로
여유롭게 번쩍번쩍
빛을 흘리며 솟는 일출

산책 나온 승객에게
일출을 배경으로
셔터를 눌러 달랬더니
초점을 조정하던 이
사진기 되돌려 준다

아차!
방북 교육 중

장전항은 군사기지여서
촬영 금지 구역이라 했었다

지난번, 무상쌀 수천 톤 싣고
장전항에 입항했던 우리 해군 함정 선원들
인공기 내렸다고 억류했던 악몽 되살아나
아찔할 뿐이다

이산가족 상봉

- 2000. 8. 15

늘 가슴 한 자락
그리움의 통증으로 포박捕縛된 삶이었다

안개도
혈기의 분노도
철의 장막과 삶에 겨워
삭아진 50년

이념의 변주곡變奏曲인가

세월의 두께로 바래진 체력
혈압약 진정제 소화제로 노화 보강하고
세월의 주름으로 껴안은
이산가족 상봉

혼절, 치매로
서로 부둥켜안아
울부짖으며 어루만진다

큰절 올리는 늙은 아들
늙은 아들 등에 업힌 노모
양손에 구겨 쥔 손수건
들쑥 술로 제사 지내는 늙은 아들

오마니 또 헤어지면 언제 만나나요
여기서 같이 살자

긴긴 적요寂寥속
하나의 큰 문
정녕 열리려고 덜컹거리는가

김삿갓

파란 하늘
깊은 산 갈피갈피
검푸른 숲 벼랑길 구불구불

맑은 물 굽이굽이
영월의 동강 서강

강산은 언제나 정적으로
말이 없건만

김병연 시혼詩魂
김삿갓 계곡에 흐른다

홍경래 난 시제로 장원급제
뭐처럼 마음 가쁜한 날

論鄭嘉山忠節死 가산군수 정서의 의로운 죽음을 찬양하고
嘆金益淳罪逆賊 역적 김익순의 죄를 한탄하라.
　- 중략
忘君是日又忘親 너는 임금도 배반하고 조상도 배반한 놈
一死猶經萬死宣 한 번 죽어서는 너무 가볍고 만 번 죽어야 마땅
하리.

역적 김익순 손자임을

어머니께 들던 충격

한 조각 구름 되어
방랑길 나섰는다

큰 삿갓에 바랑 메고
짚신 신고 지팡이 짚고
석양에 산 그림자

하늘 지붕 술 벗 삼아
모두가 원하는 벼슬도
마다하고 갈 길 바쁜 듯

평생을 길에 선 삶
부패한 상류사회 재치와 해학
풍자 시 읊으며 들꽃처럼 유유히 갔는다.

김삿갓 동상에서

9층 신경과 병동

벼랑 끝 신경과 병동
잠긴 문 두드려 들어서면

언니의 1호실 비어 있고
메마른 복도 위로

끈 떨어진 정신 붙잡고
낯선 어느 하늘가 헤매이는가

심장 뛰어 무섭다고 간호사
붙잡고 붙어 다니는 여인

허우대 멀쩡한 청년의 소요逍遙와
풀린 눈망울

작고 다부진 청년의 학구적 안경테와
청년의 굳은 침묵

순박한 2호실 노처녀
잠긴 문 다급하게 두드리는 소리

노총각 아들의
저녁상 걱정하는 여인

환자들 색종이 접기와
떨림의 붓글씨로 꾸민 다용도 거실

꾸부정하게 허리 바랜 형부와
활기차고 유능했던 언니의 낯익은 얼굴

소외감으로 굳어져 조금 벌어진 입
말이 없다

출입문 열리며 비상벨 울릴 때면
소스라치며 우리 애들손자들 오나 보다
나가 봐라

자식 키워 분가한 상처 깊어
병이 깊어 가는가

119 구조대

낭떠러지에서 들려오는
다급한 소리에
새벽을 가르며 달려간다

위기에 목숨 놓인
쓸쓸한 인간의 신음 소리
보듬는 신의 손길
별빛으로 열린다

천기를 탐하는 인간의 질책
지신 '기이아' 노했는가
지구촌 곳곳 재앙이런가

폭우에 인명 구조하다 희생된
119구조대 대장님의 넋과 함께
지구촌 곳곳
야생의 비들기 되어 구구구……

공업도시 서유럽, 터키, 대만
천지개벽 진앙지震央地
시멘트 빌딩 무너지는 소리

119구조대가 내미는 손길
대만 지진 때 어린 목숨 구한 그들 보고
연수研修 오는 대만 구조대

해금강 가는 길

5월의 해돋이 안개 자욱하고
가라앉은 해안과 산야는
뿌연 하늘인가 바다인가

희미하게 밝아오는 우주공간
도란도란 날갯짓으로
적막한 새벽길 가는 한 쌍의 멧새

학鶴동의 청솔밭 학들은 어디 갔는가
아스팔트 단정히 뻗은 고속도로 변
철쭉, 줄장미 꽃 절정이다

지난날 천하를 주름잡던 D그룹 회장
지금은 낡고 병든 몸 망명객 되고
어려운 구조 조정 겪는 D조선소

망망대해 해풍 거세도
외도 유람선 해금강 껴안고
십자벼랑 바라보니 세월의 파돗소리傷痕
매끄러운 물무늬랑 빛나는 종유석鍾乳石 신비롭다

용바위, 촛대바위, 두꺼비 바위
신랑 사모관대紗帽冠帶, 신부 원삼圓衫, 족두리 바위,
해골바위

진시황제 불로초不老草 찾아 헤매던 약초섬
그 사람들 간 곳 없어도
5월은 다시 신록만 푸르르구나!

더덕

- 신선초神仙草

굴참나무 빽빽한
고두산 능선
온통 신선초 내음이다

태곳적
거친 바람
맑은 물소리 스며

푸른잎 엇 키우며
덩굴손 나무 딛고
하늘로 하늘로
푸르게 감아 오르고

고개 숙여 핀
가지 끝 종모양의 자색꽃
깊숙한 굴형속으로
어디서 왔는고
꽃술마다 꿀벌
들락거리느니

꽃대 상처
뽀얀 젖줄 흘러 내려
핏鮮血색으로 묻어난다

뿌리로 뿌리로
황토 깊은
득음得音
신선초 향내음이다.

태백산 첫 산행

눈얼음 덮인 태백산
돌이랑 미끄럼 많은 겨울 산

슈타이크아이젠 끼고 걷다가 편치 않아
엉거주춤 오른다

까마귀 울음에
야생 조수 먹이 한 줌 뿌리고
천방지축

벗어진 슈타이크아이젠
뒤따르던 등산객 주워

돌로 두들겨
꼭 맞게 끼워주는 등산객

산악회 쓰레기봉투 보고
'수고 많습니다' 라는 말에
부끄럽고

땀나서 벗어든 윗옷
허리에 매라고 일러 주는 동지애

계곡 쨍한 얼음장 한가운데
맑고 적요寂寥한 샘물 맛 일품이다

천방지축 허둥대는 걸음마
그냥 그대로 걸으라는 조언에
첫 산행 길 익어간다

임진강가에서

언 강물 녹는 소리
희뿌연 강물 위로
커다란 얼음 조각 타고
북쪽으로 떠가는 새 떼

망향의 반백 년 맺힌 시름
소리꾼의 시름 되어
정적으로 떠간다

자유의 다리
도라 전망대 현미경 속
태극기와 마주한 인공기

대성리 마을 곳곳에
도사린 지뢰밭
동족이 파 놓은 남침용 땅굴

통일촌 청국장 먹으면
무한정 인심 쓰는 콩국
고향의 입맛이다

얼음 풀려 물파래기 이는
임진강가에 봄바람 불어
북으로 흘러가던 새 떼

일제히 날개 펴
남쪽으로 다시 날아 든다

작은언니, 큰언니

남산 한옥촌韓屋村

초여름 오색 단청
찬란한 정자에
높이 앉아

남산을 바라보니
그 시원함이
조상의 슬기로다

옛 민가 돌아보니
조상의 살림살이
안으로 여민 소박함이
다소곳 하구나

벽에 걸린 호롱에선
조상들의 슬기
아련히 보이고

바람 따라 변하는
요즘의 벼슬아치들

보료 앞
선비 책상은
그 옛날 선비 정신
더더욱 그립고야

비단잉어 뛰노는
연못가 거닐다 보니
‘창덕궁’ 우리 민요

두둥실 들려오네
이제사
한옥촌이 보인다

큰언니, 작은언니

용천龍川

-4. 22 열차 폭발 대참사

압록강 강구, 용만의 남북 섬들
용골산龍骨山, 용안산龍眼山
용천 산모양들 굽이쳐
용만에 가라앉은 고단한 삶

단둥과의 국경 외래침입 잦고
외래 문물 자주 접함에
분별 있고 진취적이었느니
풍수용도 용안 찔려 놀란
용천 폭발 참사

주로 숫한 어린 생명들과
어른 아이들 생명 잃게 하는다
'수천 질산암모늄 노출 부작용'
지구상에 홀로 남은 이념의 그림자

영산홍, 조팝나무 꽃 활짝 핀
4월의 하늘은 밝은 햇빛으로
눈부시건만

자유 진영 남하해
소외된 사람들 위해
평생을 독신으로 의술 베풀다간

실향민 용천 슈바이쳐 장기려 박사
이산의 원혼도 깨웠으리

제 4 부

겨울 찻잔

깨어나려는 안간힘과
굳게 닫힌 문

딸아이가
빚은 찻잔 기울여
잊어 보리

이매창지묘李梅窓之墓에서

- 기다리는 바람 소리

그대 시재詩才 드높아
매창뜸 찾아와 서니

황량하고 무상한 바람 소리
평생을 님 그린
그대 영혼

상소산 탄금대彈琴臺 거문고 소리
무심한 바람 소리
땡감 익어 가고

그대의 맑은 창唱은
변산반도
푸른 물결로 깊어가네

인간사 외로움
소맷자락 춤사위로
승화昇華하고

그대의 시흥
변산반도의 노을로 타네

채석강 갈피갈피 쌓인 한
전통기예 맥

영원한 세월
그대 넋으로 빛나리

月明庵에서
李梅窓
터잡아 지은 절이 하늘에 솟아
맑은 풍경소리 멀리 퍼지는데...
나그넨 도솔에 오른 상 싶어
황정경 읽고나선 赤松子에 절하올네
登月明庵
卜築蘭若倚半空
一聲淸磬徹蒼穹
客心怳若登兜率
讀罷黃庭禮赤松

이매창 시비

가을 산

열린 하늘
맑은 하늘
바람 부는 산마루

골마다 갈피갈피
현란한 색색 단풍
익는 냄새 자욱하다

지난 가을
텅 빈 교정
어느 모퉁이
쨍한 사물 놀이패

꽹과리 소리
징소리
북소리
장구 소리인 것을

어느새
산-감나무 잎 떨어져
바람에 날리고

가을비 부슬부슬
떡갈잎 단풍도 지는데

산 그림자
다소곳한 구절초꽃
비탈진 산자락에
맑게 웃고 있다

무안 문협 심포지엄 40

푸른 산 그림자
섬마다 조팝나무 꽃
하얗게 피어나고

산 그림자 사이사이
진달래꽃 피었네

음산한 산 그림자
가뭄 단비 몰고 오고

판소리 문화 지켜온
무안 주민

판소리 한마당
꽹과리
북 치고
장구 치고
징소리
쨍한 환영식

무안 문협 심포지엄 40

국제공항 터 닦고
조선조 분청사기

굽는 마을

무안 연꽃 호수
지구촌 축제 준비한다

겨울 찻잔
- 생존生存의 공포

선잠 깨어나는 으스스한 새벽
녹차향 피어 올리면

투박한 백자
핏물 머금은 미끌미끌한 찻잔
떠받치는 배암 한 마리

검은 얼룩무늬 잉크색 줄
꼬리 휘감아
번들거리며
하늘로 스르르 기어올라

주둥이 모로 모아
끝맺음한 찻잔 손잡이
퉁방울 눈 번득이며
날렵한 긴 혓바닥
살아 움직인다

깨어나려는 안간힘과
굳게 닫힌 문

딸아이가
빚은 찻잔 기울여

잊어 보리

눈 뜨면 시작되는
팔레스타인 갈등 부시의 혈전

둘째딸

자재암自在庵에서
- 소금강 소요산

밝은 햇살 연푸른 산 그림자
오솔길 능선 따라 오르면
철쭉꽃 진달래꽃 눈부시고

의상과 동행한 당唐나라 유학 중
캄캄한 밤, 해골 물 마시고
아침에 도道 깨달은 원효 되돌아섰는다

기암괴석 절묘한 봉우리들
흐르는 맑은 물소리
원효 요석공주 속삭임 들리는다

바위틈에서 쏟아져 내린 원효 폭포
민중 교화승 포교 노래와 춤
시원한 바람 타고 협곡으로 흐르는가

원효와 설총아기 요석공주 상봉
영겁에 묻힌 전설
요석공주 별궁초막 옛턴 어디인가

원효폭포 바위틈 석간수
끝없이 솟는 얼음물 흘러넘치고
자재암 불경소리 푸르름 묻어난다

거대한 바위산 험한 골짜기
고행 기도 중 관세음보살 시련 넘어
자재 무애自在無碍 암자이거니

반야바라밀다심경 언해원 보물 1211호
학승 원효의 십문화쟁론十門和爭論

원효폭포

본래대로라도 돌려주시옵소서

-작은 언니를 깨워 주소서

전지전능한 천주님이시여
깨어나게 해 주시옵소서
명료明瞭했던 그녀의 의식

그녀의 삶은 갈등이었으나
힘겨운 의욕의 사령탑 쌓았습니다

자신의 우울증약 한 봉지 여러 봉지로
나누어 먹으면서까지
출세시킨 자식들
각각 분가해 외로웠습니다

돈 줘 가며 손수 전화로
영어 강의하던 손주들
향한 정감

긴 세월
끊임없이
신경 병동에서 달래곤 하였습니다

아직은 이른 60대 초반
뇌 수술로
지난날 가정의 통치자

중국 교포 간병인 손에
덩그러니 커다란 빈집에 유폐되었습니다

만물을 창조하신 천주님
당신의 권능으로 그녀 일깨우셔
깃발 날리던 날들처럼
과욕의 사령탑 쌓던
그녀로라도 다시 보게 하소서

- 2001. 5.17

월성원자력 방문기

신라 천년 민족혼
문화 유적 숨쉬는 곳
첨단설비 조화 이루고
동해의 푸른 물결
갈메기 떼 평화롭게 날아 오른다

부존자원化石 고갈되어
지구촌 기후변화 협약 이루고
신라 30대 문무왕 수중능水中陵
용龍 되어 민족혼民族魂 지키듯
대체에너지 모색 중인 산업 역군
지켜 주리

깨끗한 원자력 에너지
안전적 에너지
경제적 에너지
원자로에서 우라늄 핵분열 이룬
터빈 실 돌고 나온 냉각수
온배수 이용 양식장 넙치 기운차게 뛰놀고

월성원자력 1, 2, 3, 4호기 운영
원전 이용율 세계 1위 3회 달성하고
핵폐기물 겹겹이 쌓아 안전 다져 넣고
신 월성 1, 2호기 건설사업 시작되었다

인근 주민 '한마음 응원단'
북한 축구팀 쿠웨이트와의 월드컵 응원
북한 금호지구 원전사업
하나 되어
신라 천년 민족혼 드높이리

독도獨島

-경제 대국들의 화폐 경제

망망대해 작은 돌섬
동, 서도東西島 끊임없이 흔들린다
사나운 바람과 거센 파도 품은 해저 금강산

평화로운 이웃나라 침탈한
러일전쟁 횡포 근성
다께시마 날로 제정하고

생기발랄한 흑인 여 국무장관 핵 외교 방한 때
'독도는 어느 나라 땅인가' 기자 질문에
편견으로 주저하며 어눌해지고

경제 대국 자국 양식인들
요시다고조 목사 진술陳述
10세기 말 태정관 기록
하야시의 '삼국접양지도'
서울대 다카하시 교수 증언까지

풍랑 심한 바다 속 만물상
우리 땅 앙금 보석이다
한반도 자연 지형도 신비롭지 않은가

35년 전 바르샤바 유령탑 찾아

무릎 꿇고 사과한 브란트 총리
2차 대전 40주년 기념 연설
'역사에 눈감는 자는 미래를 볼 수 없다'

독일은 아우슈비츠 강제수용소
해방 50주년 되는 날을 영원히
잊어서는 안 된다며 '과거를 기억하는 날로'
공식 지정 했음에랴

'가상역사 21세기는 옥스퍼드대
미 항공 우주국의 과학자 등이
서기 2112년의 시점에서 일본 총리
난징 대학살 추모 개관식 기념식에 초대돼
전 세계 TV 생중계, 침통한 연설

"99년 전 우리 국민이 저지른
수치스러운 행위를
일본 국민을 대신해서 사과 드립니다"

망망대해 작은 돌섬
동서도 끊임없이 흔들린다
사나운 바람과 거센 파도 품은 해저 금강산

옥상에서 Ⅰ

-늦여름의 쉼터

어르신의 삼십여 개의 화분
고추화분에 뿌려진 별들
깨진 오지그릇에
하이얀 부추꽃

꽃잎 진 긴 줄기마다
뭉턱뭉턱 선홍색 주먹봉선화
알록달록 채송화
보라색 도라지꽃

더덕넝쿨 송알 송알 종속으로
꿀벌 들락이고
꽃잎 떨어진 무성한 산나리 잎들
빨간 열매 떨어진 천냥금

해 떠 오는 아침 물을 주면
살랑살랑 잎 흔들며 물 머금고
빛나는 햇살 먹는다

범무늬 바랜 면 의자에 앉으면
나의 공원은 맑게 빛나고

정적 속
덜컹거리던 기적 소리 복개覆蓋한
대학이 개방한 산책길엔
남녀노인 걷기 운동 한참이다

요즈음, 장마 뒤 까만 밤하늘엔
까마득히 어릴 때처럼
빛나는 별들도 총총하다.

옥상에서 Ⅱ

103년 만에 가장 잦은비
수박, 배 한 해 농사 뭉그러진 작황 TV에서
농민 울리고

옥상문 열려다 자물쇠 고장 나고
고추는 속수무책으로 금방 병들어 갔다

어르신 외손녀딸 보러 간 사이
30여 개 화분 고추 비상 걸렸다

조병화 시인 안성 별장 강의실
가는 길에서 받은 꽃씨
선홍색 주먹봉선화 꽃잎들

폭우에 떨어져 배수구 자주 막혀
옥상 물바다 이루고

폭우 피해자들 구조차, 물속에 뛰어든
119구조대 대원 사망소식들

하수구 막힌 꽃잎 파내는 찰나
천둥소리, 덜컥 겁나고

더덕 덤불 자주색 종꽃들
기 펼 사이 없네

철로길 하늘 복개한 E여자대학이
개방한 공터엔

청모자 눌러쓴 올드미스
흰 모시반팔 검은 모시바지 앞뒤로
크게 팔 휘저으며 오늘도 걷기 운동하네

묵은해 떨어져 가는 언덕

- 세모歲暮

저무는 해
올해도 마음 비우지 못해
더욱 숨 가쁜데

돌풍 비바람에
차도로 몰린 낙엽들
처연히 두드려 맞는다

귀향 서두르는 연어
짙푸른 바다

쪽빛 하늘
빛나는 흰 구름
작열하는 태양

시간이 남아돌아
진종일 서성이던
미숙한 물고기

지각생 되어
묵은 비늘
모두 떨구고

깊은 산 넘고 바다
태풍 겪으며
고향으로 돌아가는
물고기

찬란한 노을 뜬 저녁
출산과 함께
평범한 삶
완성하려는가

금강산

그대여 나는 설레이고
눈 비비며 너를
서둘러 입맞추며 품어본다.
그리운 이여!

하늘과 바위와 바람이 모이는 곳

태고의 전설이 있고
삼록수三綠水, 푸른 담潭, 푸른 소沼
물 맑은 곳

치솟은 4월의 암벽엔
소나무 산벚꽃 잔설殘雪 서로 엉켜
골 깊고 산세 드높아
햇살도 쉬어 넘는다

하늘 끝자락 서로 굽이쳐
용틀임하는 구룡연 폭포 소리
골짜기 밖까지 요란하다

하늘문 올라 천선대 서면
운무 어린 만물상 일만 이천 봉
하늘과 얼싸안고
살 섞는 소리 바람 소리

금강산 여행

장백산맥長白山脈

깊은 운무雲霧 어리어
선계仙界인가 영계靈界인가
후손 만난 조상들의 회포懷抱인가

아흐
조국 잃은
떠돌이 영령들의 향수鄕愁일레라

검푸른 장백산맥 가르마
은빛 물살
활 쏘며 말 달리던 고구려 기상

향수의 용틀임인가

짙푸른 산맥 따라 흐르는 습지
함초롬한 보랏빛 각시투구 꽃
큰 오이풀꽃
웃자란 홀아비 꽃대인가

물길 따라 오르면
천지의 탯줄
달문達文에서 추락하는 천둥소리

만주벌 적시며
영가靈駕로
살아 움직이고

장장長長 길 가득 찼던
고구려의 말발굽 소리 사라진
아흐

옛 고도 만주벌 자못 푸르르다

* 영가靈駕 : 사람의 모든 정신적 활동의 근원

장백산맥에서 한국아동문학연구회 엄기원 회장과 함께

백두산

- 민족의 靈山

아득한 바람 소리
안개 자욱하고
태고의 정적靜寂
광활한 만주벌 고구려
힘찬 말발굽 소리 들리는다

사시사철 눈 쌓이는 곳
광개토대왕의 투혼 서린
S자 벼랑길 어지럼증
하늘가 검은 잿색바위
선명한 야생화

미끄러져 미끄러지며
힘겹게 오르니
영험靈驗한 구름 한 자락
슬며시 들추고
깊고 푸른 민족혼 속내
잠시 보여 주는다

잠시 숨결조차 멈추는다
초속 40m 넘는 태풍
영하 30도 이하 강추위
집고 온 생존生存

시시각각 연출하는
대자연의 신비
안개비로 가리운
하늘 산山

하관下官

- 형님이 영면하던 날

자수성가 농터에 반백 년여 비바람 머물고

첫눈 쌓인 향기로운 땅
겨울 햇살 머물고 있어
탈관하고 푸근한 황토에
그대 영면했습니다

북에 두고 온 부모 형제
그리며 더 했던
길고 외로운 병고
끝자락

십여 년 세월
홀로 병고 치르며
그대 의지하고 간호하던 오라버님
서러움 묻어나고

저들끼리 외면했던 며느리들
그대 떠난 자리 비로소 화해하고
그대의 외로운 섬에 왁자한 애도의 물결
그대의 고향 같은 인심입니다

우리나라가 어려웠던 시절

형제 많은 편모의 집안에
그대가 시집왔을 때
한 민족간의 전쟁이 일어났고

우린 남하했습니다
그리고
우리 경제는 세계 10위권
우리는 평화롭고 행복합니다

한민족 통일만 이룩하면 됩니다

－2006. 12. 5

축제

-2002 월드컵

지구촌 가족
단군檀君 신시神市로 눈총 쏠리고
평화의 월드컵 에너지
국가간 자존심 불꽃 튀긴다

붉은 악마들 응원 함성
전국의 기氣 모은 태극 전사들
히딩크의 멀티 플레이로 종횡무진
48년의 한恨
4강 신화 창조한다

신바람 우리 문화
장구 치고 북 치며 징소리 깊이 울려
안개속 반쪽민족 혼魂
깨울레라

아흐!
반만 년 삭인 정
푸른 서해의 동족도발
아무래도 모를레라

단군의 신시神市
영신迎神, 접신接神, 송신送神

밤하늘 울려 퍼지는 불꽃놀이 축제

아흐!
명징明徵한 밤하늘
월명사의 도솔가
보일레라

* 도솔가 : 삼국유사에 향가로 된 축문. 배경 설화에 의하면 경덕왕 19년에 해가 둘이 나타났다. 이때 월명사가 왕의 부탁으로 지어 부른 노래가 축문을 읽자 해는 하나가 된 도솔가다.

산山 - 부채

- 因緣

그의 고향 집
처음 부모님 뵈러 가는 날
어슴푸레 새벽녘

심장형 이파리들 사이로
눈 비비며 깨어난 하이얀 꽃

태초의 경이驚異,
무심코 키우던 꽃이름 찾았는다
산山 - 부채

운무雲霧 서린 짙푸른 숲 장백폭포
흘러내려 긴 은빛 여울 축축한 땅

만주벌 말발굽 소리 고구려高句麗 혼魂
푸른 바람 맑은 향기로
태어난 다소곳함

그의 고향 집
처음 부모님 뵈러 가던 날

오존층 사이
소리없이 쏟아지는 함박눈

계속 내려 쌓이고

신설된 고속철 탔는다
지구촌에서 뿜어댄
매연 사이로

어느 사이 내려 쌓이는가
태곳적 순수한 삶

봄

-2006. 4. 8

겨울바람 묻은 검은색 나뭇가지
몽실몽실 아가의 분홍 옹알이
매실 꽃 축제

황사 안개 뒤덮여 아득히 보이는다
꽃 속에 부리박고
꿀 따먹고 있는 적박구리

30년 만에 첫 고국 방문한
한국계 혼혈 미식축구 영웅
하인스 워드

'펄벅재단' 혼혈아동 희망 나누기
어머니 이름으로
장학금 축제

한국 사회엔 혼혈에 대한 눈 뜸을
혼혈아들은 사람들 편견에서
벗어날 도움을

명예 시민증 받아 들고 눈물짓고
혼혈아들 만나 꼬옥 껴안아 주고
언제 어디서나 자그마한 어머니 손

꼭 잡고 다니는 모습

쨍한 사물놀이패 환영 속으로
한복 차려 입고 민속촌 들어서서
찰떡 찧어 먹어보며
엄지 손가락 펴 치켜올린다

님의 손길

- 효도

눈이 어두워지니
웬만한 일이면
확인하려 들지 않는다
처음 친척 집 갔을 때
변기에 제구실 색깔을 내는
번쩍이는 가지각색 전원과
작은 글씨들

급한 볼일로
처음 보았을 때
당황했던 기억

어느 날 택배로
판매원이 가져온 비데
시집간 딸아이가 보낸
판매원의 설명
리모컨 단추 각각
온갖 시중 다 들어주네.

모든 세목 다 버리고
하던 습관대로만 해도
싸늘한 느낌 없어 늦가을부터
뜨듯해서 좋구나.

제 5 부

지구를 향한 빛

창문 열고
빛 들어오게 하는 소리
자연이 공평해
누구나 찾는 사람 막지 않는다

이장移葬

푸른빛 깨어나는 눈부신 5월
아드님 품에 안겨 고향 가까운 종씨 선산으로
이장한 어머니, 아버님 혼령과 합장하셨습니다

박꽃 닮은 학자따님 자랑이셨다 들었고
손孫 귀한 집안 오빠 태어난 날
할아버지 굴뚝 뒤에 숨어 춤추시었다 들었습니다

자수성가로 일군 수십 마지기 논밭들
공산권 토지개혁에 다 빼앗기고
생병 얻어 어린 자식들 남기고 차마 가시었습니다

자식들 학업 위해 이사했던
'신막' 전기회사 뒷집, 아버지 청부업 솜씨
반듯반듯한 천연색 돌 기와집

달구지 뒤에 매어 놓고 살떼미 옛 집터 밭에 가시면
자지러지며 따라 뛰다가 나무 뒤에 숨어
어머니가 안보이고 양지천 시퍼런 물이 무서워
울며 돌아서던 유년의 집

한민족 이념 전쟁 아버지 상청 대청에 남겨두고
남하해 어린 5남매 키워 내신 어머니의 삶
지금도 비행기 소리에 전흔戰痕이 묻어 납니다

며느님 가신 날 고향 가까운 종씨 선산에
다시 마련한 밝은 햇살 향기로운 황토에 이장 합장했으니
'신막역 마지막 기차' 어린 자식들 따라
나서셨던 죄책감 지금은 내려 놓으소서

호랑白虎이의 용맹과 기상으로!
- 아가의 탄생

오 년 만에 천둥소리 백호白虎 소식
믿을 수 없었지

딸의 새벽 기도祈禱소리
깊고 푸른 하나님 권능權能
계신 곳까지 들렸는다

일 년 열두 달 한전 근무로
일상이 바쁜 사위

교회에서 기획한
'좋은 아빠 수업' 은밀한 이수
소식 심상치 않았지

간호사 품에 안겨
유리벽 밖으로 보여주는

보조개랑 맑고 수줍은 미소
어여뻐

컴퓨터 표제로 입력하고
영롱한 눈동자
어눌한 미소

꼬물꼬물 움직이는 얼굴
자꾸 보고파서

영상映像속 꼬물이
뺨에 꼭 대고 뽀뽀뽀

- 2010. 8. 18 토

작은딸 내외와 손녀

손녀딸

2008년 추석 성묘

- 효녀 딸은 어느 별 소속인지 모를레라

막냇동생 연년생 두 아들 조기유학 보내고
자신이 설계한 삼성의료원에서
과다흡연 무호흡 수면증 진단 우주미아 10년여
조카들은 귀국해 군복무 마치고 도미하고

유능한 둘째언니 수십 년 앓아 온 노이로제
둘째 며느리 본 후
큰아들도 분가해 손주들 보고 싶어
2002월드컵 축제 때 뇌 수술 반년 만에 떠나고

결혼 거부하는 큰딸
어느 별 소속인지 모를레라
소신 있어 거부하는 결혼
마다하다가도 우울하고

동족상쟁생同族相爭生 외딸 친구 아들과 결혼시키고
홀로 산 큰언니 마련한 송편과
취미로 농사 지은 양념 삼색나물, 거들며

쉼 없이 서서 사는 효녀 딸 안쓰러워
세일 백화점
늦은 시간 가는 큰딸의 뒷모습

동생만 결혼시킨 큰딸 시간 절약 고집스러워
동태전, 어묵꼬치전, 동그랑땡전
'백화점에서 금년부턴 줄 섰더라'는
놀라운 가격표 엄마에게 감추려 떼어 낸다

한 맺힌 실향민들 상봉 때 치매의 비극
공산권 이념과 배곯는 백성의 피로 된 공포의 핵核
세계가 주목하는 김정일 국방장군 안개속 뇌 수술

분당구 빌딩숲 어느새 이중도로, 주유소 생기고
지구 온난화 늦더위 무성한 푸르름
30년여 다닌 함경도 실향민 묘소 산길도
낯설게 찾아간 성묘였느니

청담동 이층집 동생댁 4층으로 개조, 빚 갚으며
옥탑에 유배된 지난날 일급 건축기사 내외
지난 여름 큰올케 가실 때 어머님과 합장 후

차선 잘못 들어 되돌아간 후 시집과 등돌리고
금년 추석엔 전화번호 바꾸고 소식 없어
황혼의 아름다운 노을 심히 쓸쓸하다.

- 2008. 9. 16

아쿠아로빅
-건강 보완 왈츠

뒤로 돌아! 봉 밑에 끼고 자전거 타기
잠시 뒤뚱대지만
저절로 페달 돌아가고

앞으로 돌아! 제기차기
편안하게 감싸주는 출렁이는 물의 압력
'여자! 여자인 내가 기다려야지'
톤 높아지는 대중 음표 마음 치고

조깅운동! 빨리빨리 걸으며
두 팔을 앞뒤로 크게 흔들기
'있을 때 잘 해!'
명령형 눈을 향한 질타곡 달콤하다

두 발 모아 뛰어내리며 크로스
'해변으로 가요 해변으로 가요-오'
젊은 날의 파란 하늘과 땡볕과
눈부시고 빛나는 구름!

어깨 자세 낮추며
양옆으로 발 모아 흔들며 트위스트
'낮추어 비틀며 경쾌하게 움직이고'
세월의 두께 순발력 굼뜨다!

가까운 사람끼리 손잡으시고
패티김 이별 곡
아우성치며 밀물로 몰려오면

'그대 없이는 못살아!'
'나 혼자서는 못 살아!'
'떠나가면 못 살-아!'

겨울 성묘

- 노을빛

햇빛 가라앉은 겨울 냇가
청둥오리 녹색깃털 빛나고
드넓은 하늘, 무리 지어
자유롭게 날개 편 봉암리 하늘가
녹색환경 보호새 떼

현암교 지나 상류 하수처리장
백석교 밑 높은 지형물만
같은 시간 꽁꽁 얼음판 되었는가
지구 온난화도 무색한 추위

삼 년 전 간 올케 묘 쓸 때
북한 땅에 묻힌 아버지 영혼
남한 땅에 묻힌 어머니 이장, 합장
지관도 고개 끄덕인 문중묘 햇빛 따사롭다

평생 정분 좋았던 오빠 겨울 성묘
산업대통령 무시험 전형 일급 건축기사
두 아들 미국 유학 때 능력 잃은 막내
조상님들 권능으로 옥탑 유배 풀어 주시옵소서!

짝 잃은 오빠 따라 나선
큰언니랑 오랜만에 사진 몇 장 찍으며

조상들 옆에서 제배 음식 먹다가
햇빛 따라 옆집 종씨묘로 옮긴다
술 한잔 붓는 아량 미처 못따른 말 나누며

기차 시간 맞춰 뛰어온 파주 기차역
막 들어서는 단선 기차는 북쪽행이라네
북쪽으로 복선공사 한참인 기찻길
기업대통령 뜻 이루어져
러시아 가스 외교까지 성사되길……

분열된 남북 이념, 우리 생애에 이루어질거나!
안개 속 김정일의 뇌졸중 경중 실재
오바마 미국 대선 당선자 6자 회담의 전망
지구촌 가족 관심사다.

-2009. 1. 2

이장한 어머니 묘소에서

불의 축제

- 불한증막

문을 열고 들어서면
황토벽 민속 민화들 정겹고
초가집형 쑥불 한증막
공해 모아 몰아내는 불의 축제

성급히 하나 둘 열까지
삼십 번 세고 나서 일곱까지 세고 나도
쬐고만 장구 모래시계
체감-온도 계속 하늘로 올라 올라

영 유아嬰幼兒 놀이터
덤블링 일곱 살 큰애들과 서서
넘어지지큰애들만큼 두 번 넘어짐 않고
콩콩 뛰며 춤사위까지
손짓하는 18개월 손녀의 단정한 입

미끄럼틀에서 엎디어
요령껏 미끄러져
떨어져 마무리 하는
땡그란 눈이랑
보조개

너와 황토방
키,
벽에 매달린 메주
먹색 왕 무쇠솥

우주의 원기 피라미드
기氣 '체험실'
다양한 벽화와
이집트 람세스의 건축학까지

한의漢醫 사우나
비취색 차돌멩이들

기氣 모아 온갖 공해
떨궈 내는
편안한 불의 축제

서유럽 여행

-칠갑산 양봉댁 컵라면 알프스 등정에 힘 되고

지구의 시간
각도의 남녀노소 함께 모여
유럽 기행 가네

분당서 온 젊은 부부 유모차 두 대
7살 형아는 루블박물관 광장에서
땅 짚고 세 번 공중 돌기 묘기 보이고
아가 다빈은 울기 잘하는 떼깡쟁이

세느강 유람선 타고 가노라면
노틀담 종에 매달린 꼽추 콰지모도의
못 이룰 사랑이 애달픈 종소리로 울려 퍼지고

최후의 만찬과 모나리자가 있는
'루블박물관' 과 오르세
저 멀리 보이는 에펠탑과 개선문

초고속 열차 T. G. V편으로
인터라겐 이동
처녀봉 3,454m의 융프라우요흐 등정
얼음궁전 아득한 절벽

호남 자매

통통 빛나는 사과빰, 하이힐 또박또박
알프스의 요들송처럼 날렵한 동생
영겁의 태곳적 지구의 지붕으로 눈발 날린다

바게트 싫증난 일행 위해
컵라면 준비한 칠갑산 양봉원養蜂園댁
자식들 전화 자주 받는 점잖은 아저씨

삼촌과 조카딸 세 자매
폼페이 베수비어스 화산 고적에
정情 흔적 남기고 쏘랜토로

베니스의 콘돌라 뱃머리
앞선 척 모든 것 휘어잡는
홀씨 영남 아즘마
크리스탈 목걸이 고른다

당뇨병 깊은 영감님 손잡고
언제나 정다운 제주도 노인 부부
단테神曲의 노래여

친정 홀아버지 병수발 끝낸 여동생과
꼽추 사촌누나 잠시 삶의 일상을 벗어나
아버지 49제 전 남동생의 위로 여행

지구의 시간
각도의 남녀노소 모여
유럽 기행 하네

서유럽 여행에서

이태리 피사의 사탑에서

프랑스 개선문에서

이태리의 바티칸에서

서유럽 여행에서

모양성牟陽城
- 高敞邑城

돌을 머리에 이고 답성踏城놀이 한 바퀴 돌면
다리병이 낫는다 하고
집 마루 아래로 끌어 들여 흐르는 냇물 소리
함께 들리는 신재효의 판소리 혼魂
머리로 흐른다.

두 바퀴 돌면 무병장수한다 하고
땡볕 6월의 전설적傳說的인 가뭄에도
적소나무赤松 숲은 맑고 시원하다.

예나 지금이나 우리를 괴롭혀 온
왜구 근성 막기 위해 쌓은 성
나주진관, 임암산성과 함께 요새지로 꼽혀

읍성이면서도 숲을 둘러싸지 않고
산처럼 되어 있다

자연석을 잘 맞추어 쌓아 성벽 모양이
아름다우며 원형이 잘 보전되어 있느니

세 바퀴 돌면 극락성천極樂聖天 한다 하고
맹종죽림盲從竹林의 서늘한 대竹바람 소리

동서 북문北門 3개소와 치雉 6개소,
옹성甕城 3개소와 성 밖의 해자垓字라.

회색 성을 둘러 감아 올린 담쟁이덩굴들
그 성 밖에서 둘러선 햇빛 속에 빛나는
전설 갖춘 전략구 요충 읍성이다.

1) 甕城 : ① 鐵甕山城 ② 큰 성문 밖의 작은 성
2) 垓字 : 陵 · 園 · 墓 등의 경계

지구를 향한 빛

- 訓民正音

창문 열고
빛 들어오게 하는 소리
자연이 공평해
누구나 찾는 사람 막지 않는다

하늘天 땅地 사람人 손잡고
사람의 발음기관마다 입 맞추니

잠자는 선화공주善花公主처럼
발음 기관마다 깨어나
서동薯童의 신부가 될 수 있다

어금닛소리牙音	ㄱ	ㅋ		ㆁ
혓소리脣音	ㄴ	ㄷ	ㅌ	ㄹ
입술소리脣音	ㅁ	ㅂ	ㅍ	
잇소리齒音	ㅅ	ㅈ	ㅊ	ㅿ
목소리喉音	ㅇ	ㆆ	ㅎ	

두 영토 하나의 영혼으로 동화
잠든 두레박 없는 우물가
백성들 생명수 먹이는
선계仙界의 손길

세계에서 550년 앞선 성군聖君
디지털 시대 예견한
백성의 글 창제 하셨느니

종횡무진縱橫無盡 마음 전할 수 있는
종달새의 아름다운 노래
지구를 향한 빛이다.

- 2010년도 7월호『月刊文學』게재

두 딸과 함께(上 下)

영웅을 위한 기도

-아덴만 여명 작전

청회색 구름속 오렌지 빛 실핏줄
어슴푸레 밝아오는 아덴만 정적靜寂

해적에게 피납된 삼호주얼리호 선장
국제상선 통신망 최영함 수시로 교신

완벽한 정보 주며
지그재그 운전 시간 번다

혈맹 헬기는 하늘에서 위협사격 가하며
해적들 위치 정보 보내고

최영함 1차 인질구출 작전이 가능했던 것도
엔진 오일에 물을 타 자주 멈췄고

속도를 제대로 내지 못해
인근 몽골 선적 빼앗아 갈아타려고 했던 터

선장은 소말리아 반대 방향으로 배를 몰다가
무자비하게 맞아 다리 골절, 어깨 탈구 등
심한 부상을 입었다.

1차 인질 구출작전 땐
거짓 투항 흰 깃발에 속았으나
전리품과 주얼리호 선장의 기지로
2차 '아덴만 여명작전' 성공

해적의 보복으로 다발성 총상 입어
선장 국내로 이동

고농도高濃度 혈소판 수혈
호흡기 관련약, 외과, 정형외과
호흡기내과, 마취통증 의학과

중증 외상에
하루 약 투여 수십 가지
배액 및 검사수치 100여 가지

영웅을 향한 이 나라 국민의 염원
신의영역神醫領域 한국 의술
온 국민의 기도는 이루어졌다.

* 최영함崔瑩艦 : 고려 우왕 때의 장군, 충신, 친원파親元派로서 우왕 14년에 팔도 도통사八道都統史가 되어 명나라를 치고자 군사를 일으켰으나, 이성계李成桂의 회군回軍으로 실패하고 후에 그에게 피살되었음. 그 최영 장군의 명을 딴 함대인 듯함.

미국 땅으로 이민 간 조카들에게

- 형제들의 우애를 바라며

지루한 유년의 일상에서
일본 계셨던 네 아버지
막내 이모에게 꽃무늬 때때옷
보내 주셨었지

아랫-장거리 신막역에서
외할아버지 생일을 축하하기 위해
외갓집에 엄마와 다녀가던 날
너를 싣고 가 버린 기차의 기적 소리

50년대 같은 겨레끼리의 싸움으로
우린 서울에서 만나 사춘기는 행복했었고
너의 삼 형제는 풍족한 집 사랑 최고였음에랴

엄마 먼저 성급히 세상 떠나 가시고
새엄마와 너희들 15년 넘게 살고
너희들은 결혼해 낯선 땅으로 이민을 떠났었다

제일 잘생기고
머리까지 좋던 막내 조카 태철이가
엄마 가신 나라로 떠났다던 일은 충격이었지

이제, 우리 세대 하늘은

오렌지색 저녁노을로 물들일 아름다운 시간
삶이 그대들을 노엽게 하여도

형은 사랑으로 남은 동생들 껴안고
동생들은 존경으로 형님 받아들이는 사랑
어머니 마음 기쁘게 하여야 함이며

이제, 네 부모님 묘 화장하고
다시 서울 떠나는 날 먼 타국에
조카들 먼 타국에서 형제 우애 부탁함이거니……

\- 2008. 5. 막내 이모가

구지봉龜旨峰

-구간들의 춤과 노래 : ♪ 소리 나는 동요

♪ ♬ ♩ ♬
버튼을 누르면 음악이 나와요
♪
곰 세 마리가 한집에 있어
아빠곰, 엄마곰, 애기곰,
아빠곰은 뚱뚱해. 엄마곰은 날씬해

구간九干들 춤과 노래

떠들썩한 일깨움으로 깨어나
흔들리는 바운서bouncer 안
아가의 빛나는 눈

풀솜볼의 보조개

다희 곰은 너무 예뻐요

소리 높인 구간들 일깨움
따라 불러
달싹이는 아가의 단정한 입술

으쓱으쓱 잘 한다

품위 있는 왕가 손孫
탄생 두 달여
아가의 맑은 얼굴

연무烟霧

-성묘길에서 2009. 4.5

햇빛 따사로운 4월
높은 시멘트 벌집
목련, 개나리, 벚꽃
매연으로 흐려 보이고

분당구 함북도민 성묘
쑥나물 새싹
된장국 입맛 돋울 생각에
시간 가는 줄 모르고 뜯었지

동족 허기 채우라 기부한
백성의 식량 가로채
미사일 사정거리 늘렸다는
낡은 이념의 추종자 방송

장사꾼 농간에
전직 대통령 여권 실세, 야당 검찰까지
수백억 달러 챙기고

관광지 개발 중인 빈 터 돌며
봉화마을 주민들
전직 대통령 죽이기 중지하라
팻말 들고 검찰에 시위하네

형에게 뇌물 주며
워크아웃 기업인데 유임 청탁했다며
무식한 촌노인네
학벌 좋고 성공한 분이
머리 조아리며 뇌물 썼다
면박
삶 포기한 지식인 자존심
서민 모두 기억하느니.

민족 상잔

- 천안함 희생자를 위한 기도

같은 겨레
어쩌다 이념은 달라도
통일의 염원 끌어안고
서로 그리워했습니다.

성난 파도, 춥고 혼탁한 3월의 바다
우리 아들들 혼을 빼버린 피붙이들
그 빛나는 젊음을 수장한
민족 상잔民族相殘

서해 북방 한계선 내
도적 떼들 중국어선 꽃게잡이 관리하던
8년전 도발 때 간 6명의 영령들
되로 받고 말로 주어 복수하려는가

뿌연 매연 속 5월의 신록과
찬란한 꽃들의 정원에서
우리들은 대통령과 함께
수장된 아들들 이름
한명 한명을 부르며 목이 메었습니다

주여 그들은 앙상한 얼굴로
횡포굶는 동족 원조 식량 핵무기 되고 마약, 위조지폐를 일삼는 것입니까.

주여. 병 깊은 그들을 보호하소서
민족의 성산聖山 백두산 폭발도 막아 주시옵소서.

* 백두산 폭발설: 발해 멸망의 원인說 조선일보 Why?의 추적 2010년 6. 26-27일 토-일 부산대 윤성효 교수 '기원전 1~2세기 폭발 다시 1000년 뒤 폭발설

입관入棺

품위 있는 옷 다 벗어 던지고

삶의 공해 소독약으로 정갈하게 씻기우고
비로소 망자亡者 삼베壽衣 옷 갈아 입었습니다

지구촌 누비던 유능한 손발
마디마디 연포로 묶고
유리벽 밖 유족 불러들였습니다

수술로 베어낸 왼쪽 뇌腦 십 개월
피골이 상접해 봉합하지 못한 채
억울하게 타계한 그대

끊임없이 꿈꾸던 눈 평화롭고
금방 다정한 모습으로 열릴 것만 같습니다
해결사의 입술 금방 열릴 것만 같습니다

열심히 산 그대 공적, 천주님도 인정해
궂었던 날씨 활짝 개이고
북상중인 11호 태풍 '파북' 까지
한반도 비껴 가니

60대 너무 이른 나이에
그대 잃은 슬픔

다소 진정 되더이다

늘 곁에 있던 '헬레나여' 여!
먼저 가신 안식의 나라에서
편히 쉬소서

성수 뿌리며 기도합니다

지상의 눈꽃
– 연옥煉獄

지금 그는 시험장으로 가고 있다
초고층 빌딩 숲이 소실점消失點 안으로 사라지고
세상은 어둠으로 조여 오고 있다

어두운 차창 너머
희끗희끗 눈발 날리더니
시험장으로 들어서자

초고층 빌딩 숲에서부터 낮은 곳까지
하얀 눈 덮여 온 누리는 눈안개 자욱하고
매서운 추위로 가라앉아 괴괴하다

교정의 인도는 두꺼운 얼음 날 세우고
사람들은 눈 녹은 시멘트 차도로 걸어간다
나뭇가지마다 아름답고 눈부신 눈꽃 피우고

잠시 대기 온난화로
지상의 눈꽃은
검은빛으로 사라진다

비만, 심장병 등을 유발시키는
트랜스지방 문제로 세계가 시끄럽고
지상의 눈꽃은 순간적인 보석인가

발효醱酵된 토종 음식
김치, 된장, 젓갈 섭취하면
정서적 안정감 얻는다 하는데

외국 옷도 좋고 첨단 주택도 좋지만
입에서 즐거운 음식 수명 줄이고
발효된 토종 음식은 몸보신한다 하네

눈썹바위

동굴 사찰 뒷길 접어 들어
서해 바다 썰물한 갯벌 등지고 오르면
갈잎 흔들리는 바람 소리

둥근 바위 굳건히 딛고 서면
눈썹 닮은 거대한 돌부처
의젓하게 앉아 있고

아슬아슬한 바위등에 뿌리박은
꼬부랑 토종 소나무 한 그루
거센 비바람에도 자못 짙푸르다

바위마다 공양 주머니
앞만 트인 상석엔 기원의 촛불 흔들려
일제히 참회의 눈물 흘러내린다

버릇 없는 산비둘기
부처님 눈, 코, 입으로 날아들고
공양 쪼아 먹는 목 오색 깃털 반짝인다

겸허한 마음 하나로 모두어
예불하노라면
서해는 저물어

밀물은 다시 해안에 가득 차오르고
석양은 내일을 준비하기 위해
비로소 찬란한 빛으로 가라앉는다

조각보 〈연작시〉

유아幼兒 Ⅰ
- 共産圈

대청밑 집채만 한 쌀독 밑바닥엔
아껴둔 얼마 안되는 벼 남아 있었고
옥수수가 주식이었다

캄캄한 광 속
거미줄 낀
태산만 한 빈 항아리들

벌집인 채
달고도 아린 꿀

농부 아버지와
24년 연하의 학자 딸
여리고 어여쁜 어머니

까다로운 할머니도
살떼미에서 당신 며느리가
제일 예쁘고
착하다고 인정하셨다던 어머니

아버지 건축업 때 지은

납작납작한 청회색 천연 돌
낡은 기와집

이념이 몰수한 숱한 논, 밭들
빼앗긴 분노의 화병으로
늘 아랫목 차지한 할아버지 아빠

어둑한 골목 안
환히 비추던 포도 싹
거침없이 똑, 따 가지고 놀고

살떼미 옛 집터 허문 삼천 평 밭에
가는 길 도랑 찔레꽃 덤불 옆 지나며

여기서부터 하루갈이 땅田이
우리 밭이였다고

어린 나에게
쓸쓸하게
말하던 어머니

유아幼兒 Ⅱ
- 民族相殘

홀로 집에 있던 어느 여름날
중소도시 신막을 뒤흔드는
사이렌 소리가 오랫동안 울렸다

밖으로 뛰어나와 보니
사람들이 학교 옆 야산으로
뛰는 곳을 나도 덩달아 뛰었다

잠시 후 남쪽하늘에서
맑고 푸른 하늘에 반짝이는
여러 대의 쌕쌕이가

하늘을 찢을 듯이 폭음을 내며
날아와 빙빙 돌더니

시커먼 덩어리를
쏟아내기 시작했다

너무 놀란 나는
눈을 꼭 감고
어린 가랑나무 가지를
움켜쥐고 오줌을 마구 쌌다

쌕쌕이가 사라진 후
정적과 함께

신막역 앞에 산더미만 한
낯선
구덩이가 몇 개 파져 있었다

사춘기思春期 Ⅲ
- 중학교에서 만난 데미안

부산 피란에서 전학 온 서울 아이
반짝이는 눈 곱슬머리에
당돌하게 꼭 다문 입술

덕희는 영어 실력으로
이름을 날렸고
데미안 같은 명징明澄함으로
주위를 주눅들게 하였다

내 옆에 앉은 그녀에게
시험 보던 어느 날
슬며시 답을 알려 준 이후
우린 갑자기 친해졌었다

졸업 후 훨씬 뒤
소식이 끊길 때까지도

청춘青春 Ⅳ

큰 머리와 큰 눈
성실한 대학생

그의 교정,
백양나무 숲을 산책하며

우린 많은 이야길 했다

그러나 우린 같이 할 수 없음을
전혀 몰랐었다

나는 절망의 터널에서
어렵게 부활했다
그러나 아름다운 추억이었다

노년老年 V

-꿈은 이루어진다

나름대로
전통 조각보를 만들었으니
저녁노을이 아름답다

바쁘게 대학원 다니며
잃었던 안경 도수 압축한
비싼 안경도

한 달여 만에
10번 버스 속에서
기적적으로 찾았다

눈도 마음도 열리고
간절한 소망 열리니
모두 평온함이다.

■ 발문

가족사를 바탕으로 한 존재의 삶에 관한 성찰의 시편들

박 동 규
(월간 시 전문지 심상사 대표 문학평론가)

1. 잊혀지지 않는 의식의 잠재된 자아의 욕망

노정애 시인이 〈지구는 미령靡寧하시다〉라는 제목의 시집 원고를 나에게 맡기고 며칠 안으로 발문을 부탁하였다. 그의 시집은 200페이지가 넘는 큰 분량이어서 짧은 시일 안에 다 꼼꼼히 훑어본다는 것이 불가능하게 느껴졌다. 그래도 나에게 부탁한 것이라 나는 차분히 읽어가기 시작했다. 그의 시집을 읽는 동안 나는 엉뚱하게 시가 가지고 있는 형상의 의미나 어떤 예술적 기법에 대한 검증보다는 오히려 그가 왜 이 시를 써야만 했던가 하는 극히 심정적인 바탕에 깔려진 의도에 대해서 궁금함을 가지게 되었다. 흔히들 창작동기에 대한 탐색에서 먼저 가지게 되는 시각을 시인이 처한 현실적 삶의 자리를 살펴보는 것으로 접근하게 된 것이지만 노정애 시인에게 있어서는 특별하게 그가 어린 날 고향을 떠나오게 된 곡절과, 그리고 고향을 떠나오며 가지게 된 새로운 생활에 대한 그의 자각을 근거로 해서 생명의 존재가 뿌리를 내리고 살아

갈 수 없었던 것에 대한 자아 보상을 꿈꾸게 되고, 그 보상의 욕망을 시라는 형식을 통해서 가족사의 해독을 엮어가는 방식으로 자리 잡게 된 것이 아닌가 하는 생각을 하게 되었다.

먼저 그의 시집 서문을 보면, '살떼미' 라는 고향 집터가 나오고 '살떼미'를 중심으로 한 사랑의 풍경들이 마치 그가 살아가야 할 터전이었음을 증명이라도 하듯이 정겨운 서정의 붓으로 그려내고 있다. 이는 바로 잊지 못하는 고향 터전 안에 있어야 할 것들에 대한 안타까움을 가슴에 품고 살아가는 것을 보여주는 것으로서 그의 시적 정신의 바탕을 이루는 것임을 짐작할 수 있을 것이다. 그리고 그는 나와 자아라는 존재를 둘러싸고 있는 거미줄 같은 가는 핏줄의 연대를 마치 그가 가진 모든 것인 듯 시의 중심에 있게 하고 이를 통해서 그가 바라보는 현실의 세계를 시로 변용하고 있는 것이다. 따라서 그는 살아오는 동안 그가 겪은 모든 체험의 덩어리는 '살떼미'라는 고향을 떠날 때 지녔던 비극적 삶의 원형에서 이끼처럼 머물러 있는 가족과의 어쩔 수 없는 이별의 심정적 균열과 이를 메워보려는 가족에 대한 끝없는 애정의 성장적 욕망을 그려내려는 의지를 보여주고 있는 것이다. 이는 잊혀 지지 않는 의식의 잠재된 자아의 욕망으로 굳어져 이를 시의 형상으로 만들어 보고자 한 것이라 할 수 있을 것이다.

2. 삶의 행로와 시의 변용관계

시집 〈지구는 미령靡寧하시다〉에서 가장 빈번하게 시인이 주목하고 있는 소재는 그의 주위에 머물고 있는 가족들이다. 이 가족은 혈연의 의미뿐 아니라 그가 살아가는 생명의 공간을 지탱하는 마치 거미가 스스로 살아가기 위해서 쳐 놓은 거미줄 위에 그가 매달려 있듯이 시인은 혈연이라는 관계 위에 자아 존재의 의미를 던져놓고 있다.

가신 님 못 잊어/ 님 고향/ 천 리 길 달려 왔어도/ 님 오시지 않아//
잠 못 드는 바닷가/ 해안선 따라 걸었다//
성난 바람/ 머릿속/ 갈가리/헤치며 달려들고//
성난 파도 이랑/ 내동댕이쳐 부서져/ 거품 사위며/ 더욱 깊어 가는데//
군부대/ 철조망 울타리 쪽에서/ 들려오는 휘파람 소리//
되돌아/올 수 없는 님//
못내/ 아쉬워/ 더더욱 그립고야//
- '겨울 바닷가에서'

이 시는 겨울 바닷가에 찾아가서 느낀 감회를 담고 있는데 그 바닷가에는 님이 오시지 않고 군부대 철조망 울타리에 바람만 지나가고 그래서 돌아올 수 없는 님을 그리워하는 마음의 그림이 그려져 있다. 쓸쓸함이나 공허함이 겨울 바닷가의 이미지라면 노 시인에게는 건널 수 없는 바다의 막힘이 오히려 마음의 중심에 자리 잡고 있고 그 막혀진 바다라는 벽 속에 드러나 있지 않는 님에 대한 애절한 그리움이 놓여 있다. 이는 통념적 바다가 아닌 막혀진 바다로서의 이미지를 보여주는 것이어서 시인이 꿈꾸는 세상의 좌절과 허망이 어디에 근거하고 있는지를 알려주는 표지가 되고 있는 것이다. 뿐만 아니라 그는 이러한 허망과 좌절을 보다 극명하게 드러낼 때도 있다.

용띠 큰언니 생일엔 언제나 비가 온다/ 6.25 이산가족 미망인 외동딸 사위//
매년 외가 친척 관광버스 대절해/ 홍천 강가에 내려놓고 차일遮日 친다//

수박, 참외 강물에 담가 놓고/ 맞춤 도시락과 군것질 마음껏 즐기며//
노래하고 춤추고/넌센스 게임으로/ 맞춘 사람 못 맞춘 사람 모두 선물 받고//
노년층과 청년층 음식 쓰레기 묻고/ 젊은층과 학생층 정적靜寂의 강가에/ 사선 던지기로 물 파래기 일으킨다//
거세진 빗속 귀갓길 산모퉁이/ 보라색 엉겅퀴 수장首將꽃/ 빗물 흘러내린다//
점점 거세진 빗줄기/ 강원도 푸른 산야 담배 밭이랑/ 금방 강물 이루고//
관광버스 갑자기 기氣 모아 강물 건너자/ 모터에 불붙어 뿌연 연기로 꽉 차고 / 차는 끝내 움직이지 않았다//
가로등 없는/ S자 낭떠러지 길/ 오로지 열심히 살겠다는 기도와/ 헤드라이트 불빛, 의지해//
승용차 하나로 밤늦은 시각까지/ 학생들 먼저 서울까지 교대로 운전//
끝번호가 양수리로 들어섰을 땐/ 까만 하늘에 은하수 빛나고/ 차 밑으로 시원한 바람이 불었다.// -1998.6

- '엉겅퀴'

이 시는 6.25 전쟁으로 인하여 미망인이 된 큰언니 생일에 홍천 강가에 온가족이 모두 모여 즐기는 놀이를 소재로 하고 있다. 그러나 이 놀이는 단순히 가족모임의 흥겨운 풍경이 그려져 있는 것이 아니라 그 속에서 거센 빗속에 보라색 엉겅퀴 수장 꽃처럼 빗물을 맞아가며 꽃을 피우는 모습의 상징처럼 그들이 어떻게 지금을 살아가고 있는가를 보여주는 하나의 서사적 요건들을 압축하여 시화 하고 있는 것이다. 이 시를 꼼꼼히 살펴보면 행간과 행간 사이에 오늘까지의 삶을 이루게 된 그 행로의 추적을 감추고 있는 것이 특징이라고 하겠다. 그러나 그 행로의 끝은 까만 하늘에 은하수가 빛나는 것처럼 변하지 않는 가족의 별자리가 있어서 생명의 소중함을 안고 있음을 말해주는 것이다. 대체로 노 시인의 시에는 이와 같이 오늘이 있기까지의 뿌리와 줄기가 잎의 이야기를 행간 속에 감추고 있는 것이 그의 시적 표현의 한 방식이라 하겠다.

3. 과거와 현실의 조합을 위한 자아 구원의 지향

시인은 항상 가족사의 테두리 안에 머물러 있지 않고 현실의 첨예한 문제들을 시의 소재로 삼고 있다. 이 첨예한 문제들은 다름 아닌 평화로운 지구라는 덩어리 안에서 왜 지구가 미령하다는 진단을 내리는가를 밝혀주는 근거가 되는 것이다. 지구 곳곳에서 벌어지는 변란이나 이상이 단지 지구가 앓고 있는 병의 한 가닥으로 그치는 것이 아니라 우리가 발을 디디고 살아가야 하는 세계 안에서 겪어야 하는 병의 징후로 진단하고 있는 것이 특징이다. 이 징후는 지구 곳곳에서 일어나는 이상기후로 생겨난 재해나 혹은 전쟁으로 생긴 파괴나 아니면 어느 곳에서 일으킨 평온한 삶을 어지럽히는 일들에 대한 시인의 처절한 현실에 대한 인식이 담겨져 있는 것이다. 이는 시인이 지닌 인간다운 삶의 모태가 '살떼미'에서부터 유래되는 고향이라는 것의 비극적 형상으로 일그러진 출발에서부터 지금까지 삶의 행로 속에 부딪힌 모든 고통의 양상이 바로 평화로운 삶에 대한 열망의 꽃으로 피어난 것이 아니겠는가 하고 생각할 수 있다. 이번 그의 시집에서 찾을 수 있는 그의 전망은 다음의 시에서 잘 집약되어 있다고 할 수 있다.

> 언 강물 녹는 소리/ 희뿌연 강물 위로/ 커다란 얼음 조각 타고/ 북쪽으로 떠가는 새 떼//
> 망향의 반백 년 맺힌 시름/ 소리꾼의 시름 되어/ 정적으로 떠간다//
> 자유의 다리/ 도라 전망대 현미경 속/ 태극기와 마주한 인공기//

대성리 마을 곳곳에/ 도사린 지뢰밭/ 동족이 파 놓은 남침용 땅굴//
통일촌 청국장 먹으면/ 무한정 인심 쓰는 콩국/ 고향의 입맛이다//
얼음 풀려 물파래기 이는/ 임진강가에 봄바람 불어/ 북으로 흘러가던 새 떼//
일제히 날개 펴/남쪽으로 다시 날아 든다

- '임진강가에서'

시인에게 있어서 북에 두고 온 고향을 그리는 마음으로 임진강가에서 있는 지금 비록 통일촌 청국장 먹으면서 고향의 입맛을 회상하는 것이지만 남북을 오가는 상징적인 의미의 새를 그리면서 다시 일제히 날개를 펴 남쪽으로 날아들 수밖에 없는 현실의 아픈 상처를 바라보고 있음을 알 수 있다. 그의 이러한 현실인식은 모든 가족사의 뼈아픈 고통과 함께 내면에 깊숙이 자리 잡고 있어서 그가 꿈꾸는 세상의 평화는 항상 저 편에 있고 그가 안고 살아가는 현실은 핏줄이라는 피할 수 없는 숙명적 연대의 속박에 얽매여 있기 때문에 그의 존재는 항상 전율하고 침울해 하는 의식의 세계에 갇혀 있음을 말해준다. 그러면서도 그는 오히려 밝은 내일에 대한 전망을 보다 강하게 가짐으로서 풀 한포기 외국의 풍경 하나도 그가 안아볼 수 있는 평화로운 삶의 표상이 되고 있어서 그의 시는 애절한 밝음의 색깔로 점철되어 있다고 할 수 있다. 앞으로 더 많은 새로운 애절한 밝음의 밀도 있는 시를 보여줄 것을 기대하면서 우선 그의 시집 발간을 축하한다.

저자와의
협약으로
인지생략

노정애 시집
지구는 미령靡寧하시다

초판 발행 2012 년 9월 27일

지은이 | 노 정 애
펴낸이 | 윤 해 규
주 간 | 김 효 열
편집장 | 김 경 희
펴낸곳 | 을지출판공사

등록번호 | 제 2-741 호
등록일자 | 1985 년 2월 14일
주 소 | 서울시 마포구 양화로6길 27-5(서교동) 301호
우편번호 | 121-840
전 화 | 02) 334-4050 · 4090
팩시밀리 | 02) 334-4010
E-mail : ejp4050@hanmail.net

값 20,000원

* 잘못된 책은 바꿔 드립니다.

ISBN 978-89-7566-138-9 03810